돈 주고도 못 배우는

카페 Tea 메뉴 101

티믹솔로지스트 **이상민**

수작걸다

How to make variation tea?

차(茶)는 기원전부터 인류가 음용해온 역사가 아주 깊은 음료입니다. 지금은 어느 곳에서나 차를 마시고 쉽게 접할 수 있지만 그 옛날 차는 권력의 상징이었고 부의 척도였지요. 고귀하게 대접받던 차는 많은 시간이 지나면서 대중화되었고 많은 이들이 즐기는 기호음료로 자리잡게 됩니다.

그러나 여전히 차가 어렵다는 분들이 많습니다. 종류가 너무 많아 무엇부터 시작해야 할지 모르겠다, 이런저런 도구들이 필요하지 않나 등 걱정부터 앞서 자신만의 음료 카테고리에서 빼는 경우가 비일비재합니다. 그렇다보니 카페에 가도 차 대신 커피를 찾는 것이 수월한 일이 되었지요. 카페에서도 메뉴 구색 맞추기용으로 취급받아왔습니다. 하지만 최근 3~4년 사이, 차를 바라보는 시선이 달라지고 있습니다. 메뉴명도 비주얼도 색다른 베리에이션 티가 그 주역입니다.

베리에이션 티는 차를 이용한 음료로 기존의 차를 변형해 만든 메뉴를 뜻합니다. 동양에서 차는 '따뜻하게 마시는 거'라는 인식으로 늦게 시작됐지만, 서양에서는 이미 1680년대 문서에 밀크티가 기록되었을 만큼 그 유래가 깊습니다. 19세기초에는 얼음이 상용화되면서 아이스티가 세계적으로 알려지게 되지요. 밀크티, 아이스티 같은 전통적 베리에이션 티를 바탕으로 지금은 각종 주스와 유제품은 물론 과일, 허브, 시럽, 탄산음료 등을 이용한 현대적 입맛에 맞춘 베리에이션 티 메뉴들이 계발되고 있습니다.

책에는 총 101가지의 베리에이션 티가 소개되어 있습니다. 모두 차를 응용한 메뉴들이지요. 흔히 즐기는 녹차, 홍차, 허브티를 이용하여 다양한 메뉴를 만들었습니다. 기존 카페에서 맛보던 음료, 그리고 새롭게 등장할 만한 음료를 모두 담았습니다. 퀄리티 높은 카페 티 음료, 이제 가정에서 즐겨보세요.

Contents

TEA + VARIATION ASSEMBLE

10　Base + Liquid + Syrup + Garnish
　　Base 베리에이션 티의 기본
　　Liquid 음료의 전체 느낌을 좌우
　　Syrup 음료의 맛을 결정
　　Garnish 메뉴를 꾸미는 장식
20　Tools & Glass

BONUS » MAKE A SYRUP 11

223　Fruit Syrup
　　자몽시럽·사과시럽·블루베리라벤더시럽·
　　딸기시럽·블랙커런트시럽
228　Herb Syrup
　　로즈마리시럽·라벤더시럽
230　Aroma Syrup
　　바닐라시럽·생강시럽·얼그레이티시럽·
　　헤이즐넛시럽

INDEX

234　Tea Brand

+ JUICE

- 28 COOL 메이플자몽그린티
- 30 COOL 망고그린티
- 32 COOL 블루베리홍초그린티
- 34 HOT   모로칸민트티
- 36 COOL 트로피컬그린티
- 38 COOL 자스민오렌지그린티
- 40 HOT   유자핫그린티
- 42 HOT   로즈마리애플핫그린티
- 44 COOL 코코넛파인애플그린티
- 46 COOL 레몬라임그린티

+ MILK PRODUCTS

- 48 COOL HOT 비엔나녹차
- 50 COOL 그린메론스무디
- 52 COOL 연유그린티스무디
- 54 HOT   비건그린밀크티
- 56 COOL 그린티아이스초코
- 58 COOL 그린티아보카도라씨
- 60 COOL 그린티오레오쉐이크
- 62 HOT   허니인디언그린밀크티
- 64 COOL 그린티바나나스무디
- 66 COOL HOT 메이플그린밀크티

+ SPARKLING WATER

- 68 COOL 시나몬애플티에이드
- 70 COOL 스트로베리그린티에이드
- 72 COOL 바닐라자스민녹차에이드
- 74 COOL 맛차에이드
- 76 COOL 진저레몬그린티에이드
- 78 COOL 블루베리라벤더스프릿츠
- 80 COOL 리치큐컴버그린티에이드
- 82 COOL 겐마이차에이드
- 84 COOL 그린티상그리아
- 86 COOL 파인애플비니거티에이드

Green Tea + Variation

[녹차 + ∂]

- 22 녹차 히스토리
- 24 녹차의 종류
- 25 맛있는 녹차 우리기 공식
- 26 녹차 활용 베리에이션 +
- 27 녹차와 어울리는 재료 +

Black Tea + Variation

[홍차 + ∂]

+ JUICE

- 94　COOL HOT　피치스윗티
- 96　COOL　오렌지레몬다즐링아이스티
- 98　COOL　망고앤스트로베리아이스티
- 100　COOL　크랜베리로즈아이스티
- 102　COOL HOT　오미자시나몬아이스티
- 104　COOL　얼그레이레몬슬러시티
- 106　COOL　스트로베리퓨레아이스티
- 108　COOL　블루베리망고아이스티
- 110　COOL HOT　허니자몽블랙티
- 112　COOL　레몬라임바질아이스티

+ MILK PRODUCTS

- 114　COOL HOT　런던포그
- 116　COOL　치즈크림블랙티
- 118　COOL　바닐라애플쉐이큰밀크티
- 120　COOL　초코마르코폴로아이스크림소다
- 122　COOL　스트로베리밀크티
- 124　COOL HOT　마살라차이마시멜로라떼
- 126　HOT　원앙차
- 128　COOL　베리믹스다즐링밀크티
- 130　COOL　웨딩임페리얼아포카토
- 132　COOL HOT　초코얼그레이밀크티

+ SPARKLING WATER

- 134　COOL　로즈마리레몬에이드
- 136　COOL　얼그레이티시럽스파클링티
- 138　COOL　애플베리에이드
- 140　COOL　트로피컬스파클링블랙티
- 142　COOL　애플시나몬에이드
- 144　COOL　만다린피치스파클링블랙티
- 146　COOL　스파클링아이스와인티
- 148　COOL　랑데부자몽스파클링티
- 150　COOL　스모키오렌지스파클링티
- 152　COOL　스파클링레몬티

- 88　홍차 히스토리
- 90　홍차의 종류
- 91　맛있는 홍차 우리기 공식
- 92　홍차 활용 베리에이션 +
- 93　홍차와 어울리는 재료 +

+ JUICE

- 160 COOL 청포도카모마일프로즌티
- 162 COOL 시트러스파라다이스
- 164 COOL 트로피컬히비스커스
- 166 COOL 베리쉐이큰프루트티
- 168 HOT   진저레몬그라스
- 170 COOL 카모마일애플티
- 172 COOL 베리로즈티
- 174 HOT   허브인퓨전핫티
- 176 HOT   스파이시바닐라카모마일티
- 178 COOL 블루베리라벤더쉐이큰티

+ MILK PRODUCTS

- 180 COOL HOT 라벤더초콜릿
- 182 COOL 히비스커스로즈라떼
- 184 COOL 망고페퍼민트코코넛스무디
- 186 COOL HOT 그린카모마일밀크티
- 188 COOL 레드크림티
- 190 HOT   카모마일라떼
- 192 COOL 블루베리히비스커스밀크
- 194 HOT   허니라벤더밀크
- 196 COOL 로즈마리스트로베리쉐이크
- 198 COOL HOT 민트초코라떼

+ SPARKLING WATER

- 200 COOL 로즈힙앤히비스커스레몬에이드
- 202 COOL 유자레몬그라스에이드
- 204 COOL 카모마일모히또
- 206 COOL 키위민트에이드
- 208 COOL 진저앤라임히비스커스에이드
- 210 COOL 애플타임에이드
- 212 COOL 베리민트에이드
- 214 COOL 카모마일오렌지에이드
- 216 COOL 라벤더민트에이드
- 218 COOL 레몬그라스바닐라에이드

Herbal Tea + Variation

[허브티 + ∂]

- 154 허브티 히스토리
- 156 허브티의 종류
- 157 맛있는 허브티 우리기 공식
- 158 허브티 활용 베리에이션 +
- 159 허브티와 어울리는 재료 +

TEA + VARIATION

베리에이션 티는
어떻게 구성되는가?

Variation
[ⓝ 1.변화 2.변형 3.변주곡]
'베리에이션 티'는 말 그대로 티를 변형하여 만든 메뉴를 뜻합니다. 티 외에 다른 재료를 넣거나 온도를 변화시켜 음용하기 편하게 만든 메뉴이지요. 베리에이션 티의 구조는 의외로 간단합니다. 베이스, 리퀴드, 시럽, 가니시가 핵심입니다.

BASE 녹차 · 홍차 · 허브티

베리에이션 티의 기본은 '티'입니다. 책에서는 구하기 쉽고 다루기 쉬운 녹차, 홍차, 허브티를 베이스로 삼았습니다. 자주 즐기기에 베리에이션 티로의 변형이 낯설지 않지요. 우롱차, 백차, 보이차 등은 음료 베이스로 손색이 없지만 구하기가 쉽지 않아 제외했습니다. 일상에서 즐기는 차들로 베리에이션 메뉴를 만들어보세요.

LIQUID 주스 · 유제품 · 탄산수

리퀴드는 베이스인 우린 차와 섞는 액체 부재료로, 메뉴의 전체 느낌을 좌우합니다. 책에는 주스, 유제품, 탄산수 3가지를 기본으로 다루었습니다. 주스는 새로운 아이스티에, 유제품은 밀크티에, 탄산수는 스파클링티에 필요하지요. 주스, 유제품, 탄산수 성격에 맞춰 자신이 원하는 스타일의 음료를 즐기세요.

SYRUP 과일시럽 · 허브시럽 · 향시럽

시럽은 메뉴의 맛을 결정하는 재료입니다. '음료'를 뜻하는 아랍어 'Sharab'이 어원으로 정제설탕을 얻기 힘든 과거에 식물이나 과즙을 졸여 마시면서 지금과 같은 의미로 쓰였지요. 시럽을 티 음료에 넣으면 시럽 자체의 향이 베이스와 만나 다양하고 마시기 좋은 음료로 탄생합니다. 기본시럽 외에도 과일이나 허브, 향을 지닌 재료를 활용해 과일시럽, 허브시럽, 향시럽을 만들 수 있습니다.

GARNISH 파우더 · 허브 · 과일 · 기타

가니시는 '고명을 얹다'라는 뜻으로 메뉴를 장식하는 일을 말합니다. 주로 베이스와 리퀴드, 시럽을 한데 섞는 과정을 끝낸 뒤 마지막 단계에 진행되지요. 파우더, 허브, 과일 등으로 메뉴를 보기 좋게 장식할 뿐만 아니라 메뉴에 대한 이해도 높여줍니다. 향이 강한 허브를 가니시로 사용하면 메뉴의 향과 만나 더욱 프레시한 메뉴가 됩니다.

ASSEMBLE

베리에이션 티의 기본

녹차 +

녹차 베이스는 제약이 되는 부재료들이 딱히 없고 다양한 색으로 구성이 가능해 차를 이용한 음료를 만들 때 쓰기 좋지요. 음용 시 후미에서 느껴지는 녹차만의 깔끔함과 고소함이 특징입니다. 책에 등장하는 베이스용 녹차는 국내에서 쉽게 구할 수 있는 보성과 하동, 제주산 녹차들과 해외 브랜드의 제품으로 하였습니다.

책속 녹차
단일차》 녹차(세작) · 가루녹차(맛차) · 건파우더 녹차
혼합차》 겐마이차 · 자스민티 · 뻬쉐미뇽

홍차 +

홍차는 특유의 떫은 맛으로 어떤 음료에 넣어도 그 캐릭터를 쉽게 알 수 있습니다. 반면 차를 우렸을 때 수색이 진한 편이라 다양한 색을 표현하기는 어렵지요. 시중에서 구하기 쉬운 브랜드와 가향홍차를 베이스로 삼아 메뉴를 만들었습니다. 특유의 향을 충분히 느껴보세요.

책속 홍차
단일차》 다즐링 · 랍상소우총 · 실론티
가향차》 노엘 · 랑데부 · 로즈포총 · 마르코폴로 · 마살라차이 · 블랙퍼스트 · 아이스와인티 · 얼그레이 · 웨딩임페리얼 · 망고앤스트로베리티 · 블루베리티 · 애플티 · 스트로베리티 · 레몬앤라임티 · 패션프루트망고오렌지티 · 피치티

허브티 +

허브 베이스는 친숙한 향으로 베리에이션 음료로 만들어도 낯설지 않는 장점이 있지요. 베이스용 허브티는 그 캐릭터를 살리기 위해 단일구성 제품을 많이 사용하였는데, 시판 중인 허브와 허브, 허브와 과일차 등 블렌딩 제품을 사용해도 좋습니다. 가니시로 같은 향을 지닌 허브를 활용하는 것도 음료의 향을 배가시키는 방법입니다.

책속 허브티
단일티》 라벤더 · 레몬그라스 · 히비스커스 · 카모마일 · 타임 · 페퍼민트
혼합티》 과일차 · 로즈힙앤히비스커스 · 레드넥타 · 빅히비스커스 · 스파이시베리(과일차) · 티젠두피지

주스 »   청포도주스   사과주스   크렌베리주스

기타 »   블루베리 홍초   에스프레소   얼음

탄산수 »   탄산수   사과맛 스파클링   자몽맛 스파클링

**냉침
탄산수** »   냉침 캄상소우롱티   냉침 포르투맹고오렌지티   냉침 실론티

유제품 »   우유   아몬드밀크   코코넛밀크

ASSEMBLE

음료의 전체 느낌을 좌우

+ 주스

과일의 과즙을 일컫는 주스는 아이스티 구성에 사용됩니다. 베리에이션 티에 주스를 넣으면 차가 가진 기본적인 맛과 향이 대중적으로 바뀌지요. 과일 속 과당과 유기산이 차에 부족한 상큼함과 신선함을 더해줍니다. 아이스 메뉴가 많으므로 가능한 투명한 제품을 사용하는 게 좋습니다. 자몽, 오렌지, 귤, 레몬, 라임 등 시트러스 계열의 과일주스는 직접 착즙해 사용해도 됩니다.

책속 주스
리치주스 · 망고주스 · 오렌지주스 · 자몽주스 · 파인애플주스 · 포도주스 · 사과주스 · 크랜베리주스 · 청포도주스 · 감귤주스 · 코코넛워터

+ 유제품

유제품은 음료의 맛을 부드럽게 해줍니다. 흔히 우유를 즐겨 쓰지만 베리에이션 티에는 우유 대신 크림도 많이 쓰지요. 유지방 성분이 현저히 높은 크림을 넣으면 음료의 맛이 진해지고 부드러워집니다. 크림이 다량으로 들어간 아이스크림이나 치즈를 이용해도 진한 음료의 맛을 경험할 수 있습니다. 유제품 대체 재료로 두유나 아몬드밀크, 코코넛밀크 등이 있습니다.

책속 유제품
녹차아이스크림 · 두유 · 바닐라아이스크림 · 무가당 요구르트 · 생크림 · 아몬드밀크 · 우유 · 휘핑크림 · 초코아이스크림 · 치즈

+ 탄산수

탄산수는 기존의 아이스티와는 다른 청량감을 주는 재료입니다. 음료에 탄산(CO_2)이 들어 있어 톡 쏘는 맛과 청량감을 느낄 수 있지요. 책에는 베이스 차에 탄산음료나 탄산수를 넣는 방법과 베이스 차를 탄산수에 냉침해 사용하는 방법을 모두 소개했습니다. 특히 차를 탄산수에 냉침해 사용하면 진한 차의 향을 충분히 즐길 수 있지요. 각자의 취향대로 만들어보세요.

책속 탄산수
탄산수》 산펠레그리노 · 싱하 소다워터 · 씨그램 · 초정 탄산수 · 페리에 · 트레비
탄산음료》 산펠레그리노 스파클링 프루트 · 스프라이트 · 선키스트 스파클링 · 트로피카나

TEA + VARIATION

과일시럽&청   허브시럽&식초   향시럽&기타

ASSEMBLE

음료의 맛을 결정

+ 과일시럽 & 과일청

과일향이 나는 시럽은 주로 밀크티보다는 아이스티나 스파클링 메뉴에 어울립니다. 유제품에 과일을 넣으면 과일 속 유기산의 영향으로 유제품이 분리될 수 있기 때문이지요. 과일청은 시럽보다 활용도가 높을뿐 아니라 단맛과 신맛이 공존해 두 가지 맛을 동시에 낼 수 있어 음료를 손쉽게 만들 수 있습니다.

책속 과일시럽&과일청
과일시럽≫ 딸기시럽 · 블루베리라벤더시럽 · 블랙커런트시럽 · 사과시럽 · 자몽시럽
과일청≫ 블루베리청 · 오미자청 · 유자청

+ 허브시럽

특유의 풀향과 꽃향이 어우러진 허브로 만든 시럽입니다. 단독으로 사용하는 것도 좋지만 여러 가지 재료와 같이 사용하면 색다르지요. 특히 과일이 들어간 메뉴에 허브시럽을 넣으면 과일의 상큼한 향에 허브의 싱그러움이 더해져 메뉴가 더 프레시해집니다. 이외에도 유제품 메뉴에 허브시럽을 넣으면 더 가벼운 느낌을 줄 수 있습니다.

책속 허브시럽
라벤더시럽 · 로즈시럽 · 로즈마리시럽

+ 향시럽

과일과 허브를 제외한 스파이스, 가향홍차, 견과류로 만드는 시럽입니다. 얼그레이 같은 가향홍차로 시럽을 만들면 홍차 베이스의 음료에 활용도가 높지요. 향이 강한 스파이스시럽은 다른 재료를 받쳐주는 정도로만 사용하세요. 견과류시럽은 고소한 향으로 유제품과의 궁합이 특히 좋습니다.

책속 향시럽
바닐라시럽 · 생강시럽 · 얼그레이시럽 · 헤이즐넛시럽

TEA + VARIATION

과일　　　　허브　　　　가루

- 딸기 슬라이스
- 라임 슬라이스
- 생강 슬라이스
- 오렌지 필

- 페퍼민트
- 타임
- 로즈마리
- 로즈페탈

- 시나몬 스틱
- 강황가루
- 오레오 쿠키가루
- 가루녹차

GARNISH

메뉴를 꾸미는 장식

+과일

녹차, 홍차, 허브티 모두와 어울립니다. 메뉴에 재료로 사용한 과일을 가니시로 활용하면 여러모로 효과적이지요. 시트러스 과일류는 단면이 보이도록 슬라이스해 사용하며 블루베리, 체리처럼 작은 크기의 과일들은 그대로 사용하거나 칵테일 픽에 꽂아 장식하세요.

책속 과일
시트러스류》 귤 · 라임 · 레몬 · 오렌지 · 자몽
베리류》 라즈베리 · 블루베리
열대과일류》 리치 · 망고 · 파인애플
열매류》 딸기 · 사과 · 청포도 · 체리

+허브

허브는 아이스티나 스파클링티에서 즐겨 사용하는 가니시 재료입니다. 잎을 음료 위에 띄우거나 잔 속에 넣어 장식하지요., 잎의 크기에 따라 그 방법도 달라지는데 잎이 자잘한 민트류는 주로 줄기째 사용합니다. 사용 전에 허브 자체를 살짝 흔들거나 두드리면 허브에 자극을 주어 향이 더 강력해집니다.

책속 허브
페퍼민트 · 민트 · 레몬그라스 · 로즈마리 · 로즈페탈 · 장미꽃 · 타임

+가루

베이스, 시럽 등에 들어가는 재료 중 가루 타입이 있다면 가니시로 활용하세요. 가루 타입의 가니시는 주로 메뉴 위에 뿌리지만 잔의 옆 부분이나 받침 부분에 뿌리면 미각적인 효과를 낼 수 있지요. 조금은 다른 방법으로 가루를 이용하면 색다른 장식의 메뉴를 완성할 수 있습니다.

책속 가루
가루녹차 · 강황가루 · 오레오 쿠키가루 · 초코가루

가니시 노하우

1 메뉴에 들어가는 재료를 활용한다
메뉴에 들어가는 재료로 가니시로 활용하면 메뉴의 통일성을 꾀할 수 있다.

2 가니시도 재료의 하나다
가니시는 단순한 장식을 넘어선 재료의 연장이다. 마시멜로나 허브처럼 재료의 식감이나 향을 바꿀 수도 있다.

TOOLS & GLASS

STEP 1 준비하기

계량스푼 재료를 계량하는 기초 단위. 다루기 쉬운 소재의 제품을 선택하세요.
계량컵 찻물이나 리퀴드 재료를 계량합니다. 스테인리스와 유리 등 다양한 재질이 있으니 사용하기 편한 타입을 고르세요.
지거 일종의 계량컵으로 적은 용량의 재료를 계량합니다. 소주잔(1잔=30ml)으로 대체 가능합니다.
과도 가니시나 메뉴에 들어갈 과일을 손질합니다.
필러 오이나 시트러스 과일의 껍질을 슬라이스합니다. T자형과 일자형이 있습니다.
제스터 초콜릿이나 견과류, 향신료, 시트러스 과일의 껍질을 가루낼 때 사용합니다.
아이스크림 스쿱 다양한 사이즈와 모양이 있는데 작은 것보다는 큰 사이즈가 사용하기 편리합니다.

STEP 2 차 우리기

거름망(티 스트레이너) 우린 찻잎을 넣고 거릅니다. 이중망 타입이 찻잎 거르기에 더 효과적입니다.
티포트 차를 우릴 때 사용합니다. 밑바닥이 둥근 모양이 물이 티포트로 들어가면서 대류가 잘 일어 차가 고르게 우러납니다.

STEP 3 만들기

머들러 과즙과 허브의 향을 내기 위한 도구로 단면의 면적이 넓을수록 잘 으깨집니다.
쉐이커 메뉴를 한번에 섞을 때 필요합니다. 입구가 넓은 텀블러로 대체 가능합니다.
밀크저그&스팀피처 전자레인지에 우유를 데울 때 사용합니다.
우유 거품기 우유 거품을 내는 도구로 포밍우유를 만들 때 씁니다. 커피 도구인 프렌치프레스로 대체 가능합니다.
믹싱 볼 메뉴 위에 올릴 크림을 넣어 휘핑합니다. 차가운 믹싱 볼이 휘핑이 수월합니다.
블렌더 스무디 메뉴나 쉐이크 메뉴를 만들 때 사용하며, 핸드 블렌더나 믹서기로 대체 가능합니다.

STEP 4 마시기

바스푼 샤프트라고 불리는 나선형 몸체가 음료를 젓는데 유용합니다.
하이볼 일종의 텀블러 글라스로, 잔의 크기는 보통 180~300ml입니다. 아이스 음료를 담기 좋습니다.
샴페인 플롯 샴페인 같은 탄산이 들어 있는 메뉴에 어울립니다. 잔 입구가 좁아 탄산의 유실을 막아줍니다.
텀블러 글라스 손잡이 없이 바닥이 평평한 큰 잔으로, 카페나 가정에서 가장 많이 이용하는 잔입니다. 크기가 다양하니 메뉴에 맞춰 사용하세요.
더블 월 글라스 잔의 이름 그대로 이중 유리잔입니다. 유리와 유리 사이에 간격이 있어 뜨거운 메뉴를 담을 때 효과적입니다. 잔 안의 내용물도 보여 좋습니다.

[녹차 + ∂]

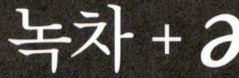

Green Tea + Variation

녹차는 인류가 가장 먼저 만든 차입니다. 그 역사도 아주 깊지요. 각 나라별로 녹차를 즐기는 방법이 조금씩 다른데, 최근에는 녹차 특유의 깔끔함과 고소함을 살린 다양한 베리에이션 티가 인기를 모으고 있습니다. 무엇보다 다양한 색의 구성이 가능하고 제약되는 부재료가 없어 베리에이션 음료의 베이스로 사용하기 좋습니다.

+Sparkling Water

+Juice

+Milk Products

녹차, 차를 대표하다

세상에는 다양한 차가 존재합니다. 모두 뿌리는 같은데, 카멜리아 시넨시스라고 불리는 차나무의 찻잎이 그 재료입니다. 차마다 색과 향, 맛의 차이는 찻잎을 채취한 뒤 어떤 과정을 거치는가에 따라 달라지지요. 이를 크게 분류한 것이 6대차인 녹차, 홍차, 백차, 우롱차, 황차, 흑차입니다. 그중 중국에서 처음 만들기 시작한 녹차가 가장 오랜 역사를 자랑합니다.

증청녹차 vs 초청녹차

녹차는 만드는 방법에 따라 '증청녹차'와 '초청녹차'로 나뉩니다. 증기로 찻잎을 익혀 만든 녹차를 증청녹차, 불판에서 찻잎을 익혀 만든 녹차를 초청녹차라고 하지요. 중국의 용정차, 벽라춘과 함께 우리나라 녹차는 대부분 열기로 잎을 말리는 초청녹차에 속합니다. 반면 옥로, 전차, 겐마이차 같은 일본의 녹차는 증기로 잎을 처리하는 증청녹차인데 선명한 녹색을 띠는 것이 특징입니다. 맛차는 증청녹차를 곱게 갈아 만든 차입니다.

녹차가 만들어지기까지 : 채엽-살청-위조-건조

찻잎을 채취하는 것을 채엽이라 부릅니다. 채엽한 찻잎은 색이 갈변하지 않도록 증기나 뜨거운 불판에서 열처리를 해주는데 이것이 살청입니다. 잎의 색이 변하지 않도록 찻잎의 산화효소를 제거하는 과정이지요. 살청 작업이 끝나면 잎을 식히는 위조 작업을 여러 차례 하는데, 찻잎의 성분이 잘 우러나도록 잎의 세포막을 파괴하는 단계라고 할 수 있습니다. 이후 차를 불판에 덖으면서 수분을 제거해 건조시키면 우리가 알고 있는 녹차가 완성됩니다.

녹차 보관법 : 밀폐용기·그늘

녹차는 공기 중의 습기나 냄새를 잘 흡수하므로 밀폐용기에 보관해야 합니다. 용기 안에 녹차와 실리카겔을 함께 넣고 그늘이나 바람이 잘 통하는 곳에 두세요. 가루녹차는 반드시 진공포장이나 밀폐용기에 넣고 보관해야 선명한 녹색을 유지할 수 있습니다. 공기 중 산소에 오랫동안 노출이 되면 가루녹차의 색이 올리브색으로 바뀌면서 맛 또한 점점 옅어질 수 있습니다.

[녹차의 종류 : 한국 · 중국 · 일본 대표차]

🇰🇷 우전
진한 풍미의 우전은 곡우(4월 중순) 이전에 생산된 차를 말합니다. 겨울을 보내고 봄에 새싹을 틔운 어린 새싹으로 만들어 맛과 향이 일품이지요. 혹독한 환경을 이겨낸 새싹의 농축된 맛과 향을 느낄 수 있습니다.

🇰🇷 세작
곡우 이후 입하(5월 초) 전에 채엽한 찻잎으로 만든 차입니다. 찻잎이 참새의 혀를 닮았다고 하여 '작설차'라고도 불리지요. 우전과 같이 어린 찻잎으로 만들어 잎이 작으며, 고소한 곡물향과 싱그러운 풀내음이 납니다.

🇨🇳 서호용정
중국 절강성 항주 서호 근처에서 생산되는 차로, 흔히 '용정차'라고 불립니다. 청록색에 칼날 같은 모양의 찻잎으로 은은하게 퍼지는 밤향이 풀향과 어우러져 사뭇 꽃향처럼 느껴지기도 합니다.

🇨🇳 벽라춘
곡우 이전에 만드는 차로, 워낙 어린잎을 사용해 수작업 공정을 거칩니다. 중국 강소성 오현 태호 동정산에서 생산되며 돌돌 말린 듯한 은빛을 띄는 녹색 잎이 특징이지요. 달콤한 향과 꽃향처럼 피어나는 은은한 풀향으로 인기 있습니다.

🇯🇵 옥로
일본 녹차 중에 가장 좋은 등급의 녹차로 '쿄쿠로'라고도 불립니다. 차단막으로 햇볕을 가리는 차광재배 방식으로 차나무를 재배해 찻잎이 부드럽고 우렸을 때 떫은맛이 적습니다.

🇯🇵 전차
흔히 '센차'라고 불리는 일본 녹차 중 하나로 일본에서 유통되는 녹차의 85%를 차지합니다. 그만큼 대중적으로 많은 이들이 즐기는 차이지요. 옥로와 같이 증기로 살청해 만드는 증청녹차로 품질이 높을수록 향기가 좋고 감칠맛이 납니다.

🇯🇵 겐마이차
전차에 현미를 넣어 만든 혼합차로 고소한 맛과 향을 가진 녹차입니다. 현미뿐 아니라 튀밥을 같이 넣기도 하고 말차(가루녹차)를 소량 넣어 만든 제품도 있습니다.

[맛있는 녹차 우리기 공식 : 2g · 70~75℃ · 50~70ml · 1~1분 30초]

녹차 우림의 적정 물 온도 : 70~75℃

녹차는 우리는 물의 온도가 중요합니다. 팔팔 끓인 물로 차를 우리는 홍차와 달리 녹차는 물의 온도를 낮춰 우려야 떫은맛의 탄닌 성분이 적게 나옵니다. 한국과 중국의 녹차는 70~75℃, 일본 녹차는 50~60℃로 물의 온도를 더 낮춰 우릴 것을 권합니다. 녹차는 낮은 온도에서 우릴수록 감칠맛이 증가하고 떫은맛이 줄어들기 때문입니다.
물의 양은 차의 양에 따라 달라지는데 1잔 기준으로 2g의 차에 50~70ml의 물을 부어 우립니다. 찻잎을 우리는 시간은 1~1분 30초가 적당합니다.

녹차 티백 vs 가루녹차

티백은 잎차와 같은 온도의 물에 우립니다. 다만 티백의 특성상 차의 성분이 밑으로 고이면서 우려지기 쉬우므로 차의 맛이 일정하지 않을 수 있습니다. 우리는 중간에 티백을 위아래로 흔들어야 차가 일정하게 우려집니다. 가루녹차는 따뜻한 물로 차선을 이용해 빠르게 거품을 내는 것이 좋습니다. 이때는 한 김 식힌 물이 아니라 팔팔 끓인 물을 이용해야 거품이 잘 일어나 떫은맛이 줄어듭니다. 가루녹차 2g에 끓인 물 60ml 정도를 넣어 만듭니다.

베리에이션 음료 베이스용 녹차

메뉴의 베이스용 녹차는 진하게 우려야 합니다. 부재료들의 맛과 향을 이기고 차의 존재감을 전달하려면 그만큼 진한 맛과 향이 필요하기 때문입니다. 높은 온도의 물에서 5분간 우려 쓰고 떫은맛을 강조한 녹차를 사용합니다. 녹차 본연의 진한 맛을 원한다면 70~75℃의 물에서 긴 시간 동안 우리거나 차의 양을 늘리는 것이 좋습니다. 1잔 기준 2g의 차에 물 100~150ml가 적당합니다.

TEA + VARIATION

[녹차 활용 베리에이션 +]

녹차 + 주스
녹차 베이스의 아이스티에 다양한 맛과 향을 추가한 메뉴입니다. 주스를 활용하는 베리에이션 티는 무엇보다 녹차 본연의 고소하면서도 쌉쌀한 맛이 잘 유지되도록 하는 것이 중요합니다. 다양한 과일과 주스, 허브 등 들어가는 재료로 장식하는 것도 메뉴를 돋보이게 하는 방법입니다.

녹차 + 유제품
크게 정의하면 녹차 베이스의 그린 밀크티입니다. 다만 단순히 녹차에 우유를 넣어 만드는 것이 아니라 각각의 특징을 살려 부드러운 음료를 만들지요. 잎 녹차보다는 가루녹차를 사용하며, 녹차의 쌉쌀함을 살리는 것이 관건입니다. 가루녹차는 제대로 풀지 않으면 갑자기 쓴맛이 확 느껴질 수 있으니 충분히 저어 사용하세요.

녹차 + 탄산수
녹차와 탄산의 만남으로, 탄산음료나 탄산수에 냉침한 차를 사용할 수도 있습니다. 냉침 차로 음료를 만들면 진한 차의 맛을 낼 수 있지요. 완성된 음료에서 탄산의 느낌을 더 살리고 싶다면 탄산음료나 탄산수 또는 탄산수에 냉침한 녹차를 냉장보관하여 온도를 낮췄다가 음료에 넣으세요. 탄산은 낮은 온도에서 더 큰 존재감을 드러냅니다.

GREEN TEA

[녹차와 어울리는 재료 +]

녹차는 베리에이션 티를 만들기에 가장 적합한 차입니다. 어떤 재료와도 잘 어울리며 메뉴에서 차의 존재를 잘 드러내기 때문이지요. 녹차와 특히 잘 어울리는 재료들을 선별했습니다.

녹차 + 자몽	쌉쌀한 뒷맛이 특징인 자몽은 녹차의 쌉쌀함과 어우러져 자연스러운 맛을 냅니다.
+ 유자	녹차의 쌉쌀함이 유자의 새콤달콤함에 포인트로 작용해 맛이 풍부해집니다.
+ 허브	각종 허브는 녹차와 궁합이 잘 맞습니다. 허브의 향이 지나치게 나지 않을 정도로만 사용하세요.
+ 유제품	우유나 생크림, 아이스크림은 말차뿐 아니라 잎차와도 잘 어울립니다. 녹차의 풍미를 부드럽게 해줍니다.
+ 초콜릿	녹차와 초콜릿은 궁합재료로 꼽히지요. 초콜릿의 쌉쌀함을 녹차의 쌉쌀함이 받쳐줘 맛이 상승합니다.
+ 팥	녹차와 상당히 잘 어울리는 재료입니다. 팥앙금을 준비해두면 메뉴를 만들 때 손쉽게 사용할 수 있습니다.
+ 오이	오이의 향이 녹차의 고소하고 싱그러운 향과 만나 상쾌한 느낌을 줍니다. 여름 음료에 제격이지요. 리치나 와사비와도 잘 어울립니다.

GREEN TEA + JUICE

COOL

메이플자몽그린티

녹차에 자몽주스, 메이플시럽으로 맛을 낸 아이스티입니다. 자몽의 쌉쌀함과 메이플시럽의 달달한 향이 녹차와 어우러져 그 맛이 일품이지요. 자몽과 녹차의 환상적인 조합을 느껴보세요.

ASSEMBLE

Base	녹차 1작은술(2g)
Liquid	100% 자몽주스 30ml, 물 150ml, 얼음 가득
Syrup	메이플시럽 10ml
Garnish	자몽 슬라이스 1/2개

RECIPE

a   녹차 2g을 티포트에 넣고 끓인 물 150ml에 5분간 강하게 우린다.

b   잔에 메이플시럽과 자몽주스를 넣고 섞는다.

c   얼음을 가득 채우고 우린 녹차를 거름망에 걸러 조심스럽게 얼음 위에 붓는다.

d   자몽 슬라이스 1/2개로 장식한다.

GREEN TEA + JUICE

COOL

망고그린티

단조로운 녹차 아이스티에 열대과일 특유의 강렬한 맛과 향이 활기를 불어넣습니다. 노란 빛깔의 망고와 초록의 페퍼민트가 청량감을 높여줍니다.

ASSEMBLE

Base	녹차 1작은술(2g)
Liquid	망고주스 30ml, 물 150ml, 얼음 가득
Syrup	시럽 10ml
Garnish	망고 슬라이스 2~3개, 페퍼민트 1줄기

RECIPE

a   녹차 2g을 티포트에 넣고 끓인 물 150ml에 5분간 강하게 우린다.

b   잔에 시럽과 망고주스를 넣고 섞는다.

c   얼음을 가득 채우고 우린 녹차를 거름망에 걸러 조심스럽게 얼음 위에 붓는다.

d   망고 슬라이스 2~3개와 페퍼민트 줄기로 장식한다.

GREEN TEA + JUICE

COOL

블루베리홍초그린티

홍초로 색다른 맛의 음료를 만들었습니다. 톡 쏘는 초산에 과일향이 감도는 홍초는 베리에이션 티를 위한 특별한 재료이지요. 홍초와 녹차가 만들어낸 색의 조화도 멋집니다.

ASSEMBLE

Base	녹차 1작은술(2g)
Liquid	블루베리 홍초 20ml, 물 150ml, 얼음 가득
Syrup	시럽 20ml
Garnish	블루베리 10알, 레몬 슬라이스 1/2개

RECIPE

a 녹차 2g을 티포트에 넣고 끓인 물 150ml에 5분간 강하게 우린다.

b 잔에 시럽과 블루베리 홍초를 넣고 섞는다.

c 얼음을 가득 채우고 우린 녹차를 거름망에 걸러 조심스럽게 얼음 위에 붓는다.

d 블루베리와 레몬 슬라이스로 장식한다.

GREEN TEA + JUICE

HOT

모로칸민트티

아프리카 모로코에서 흔히 즐기는 녹차 음료로, 진하게 우린 차에 설탕과 민트잎을 넣어 마시는 메뉴입니다. 각설탕을 넣은 달달한 녹차와 민트의 향이 잘 어울려요.

ASSEMBLE

Base : 건파우더 녹차 1작은술(2g), 애플민트잎 8장
Liquid : 물 200ml
Syrup : 각설탕 2개

RECIPE

a 티포트와 잔에 끓인 물을 넣고 예열한다.
b 건파우더 녹차 2g을 예열한 티포트에 넣고 끓인 물 200ml에 3분간 우린다.
c 예열한 잔에 애플민트잎과 각설탕 2개를 넣는다.
d 우린 녹차를 거름망에 걸러 붓는다.

GREEN TEA + JUICE

GREEN TEA + JUICE

COOL

트로피컬그린티

이국적인 분위기의 여름 음료입니다. 쉐이커에 망고주스, 파인애플주스, 코코넛밀크를 넣고 섞다가 녹차와 얼음까지 더해 강하게 흔들면 완벽하게 섞인 맛을 느낄 수 있습니다.

ASSEMBLE

Base	녹차 1작은술(2g)
Liquid	망고주스 15ml, 파인애플주스 15ml, 코코넛밀크 10ml, 물 150ml, 얼음 가득
Syrup	시럽 20ml, 레몬즙 10ml
Garnish	체리 1개

RECIPE

a 녹차 2g을 티포트에 넣고 끓인 물 150ml에 5분간 강하게 우린다.

b 우린 녹차는 거름망에 걸러 다른 찻잔에 담아 상온까지 식힌다.

c 쉐이커에 녹차와 체리를 제외한 재료를 넣고 섞는다.

d c에 식힌 녹차 120ml를 넣고 얼음을 채워 강하게 8~10초 흔든다.

e 잔에 얼음을 가득 채우고 d를 따른다.

f 칵테일 픽에 체리를 꽂아 장식한다.

GREEN TEA + JUICE

COOL

자스민오렌지그린티

자스민티는 자스민 꽃향을 녹차에 착향시킨 화차입니다. 자스민 꽃향과 시트러스한 오렌지향이 조화롭게 어우러져 자극적이지 않고 편안하게 즐기는 아이스티입니다.

ASSEMBLE

Base	자스민티 1작은술(2g)
Liquid	100% 오렌지주스 30ml, 물 150ml, 얼음 가득
Syrup	시럽 10ml
Garnish	오렌지 슬라이스 1개

RECIPE

a 자스민티 2g을 티포트에 넣고 끓인 물 150ml에 5분간 강하게 우린다.

b 잔에 시럽과 오렌지주스를 넣고 섞는다.

c 얼음을 가득 채우고 우린 자스민티를 거름망에 걸러 조심스럽게 얼음 위에 붓는다.

d 오렌지 슬라이스로 장식한다.

GREEN TEA + JUICE

HOT

유자핫그린티

비 오는 날이나 으스스 한기가 밀려올 때 따뜻하게 즐기기 좋은 핫티입니다. 마시기 직전에 잔 아래 가라앉은 유자청을 고루 섞어야 유자의 맛과 향을 온전히 즐길 수 있습니다.

ASSEMBLE

Base	녹차 1작은술(2g)
Liquid	물 200ml
Syrup	유자청 50ml

RECIPE

a 티포트와 잔에 끓인 물을 부어 예열한다.

b 녹차 2g을 예열한 티포트에 넣고 끓인 물 200ml에 3분간 우린다.

c 예열한 잔에 유자청을 넣는다.

d 우린 녹차의 절반을 부어 유자청과 고루 섞는다.

e 남은 녹차도 모두 붓는다.

GREEN TEA + JUICE

GREEN TEA + JUICE

HOT

로즈마리애플핫그린티

따뜻한 녹차에 사과와 로즈마리로 맛과 향을 더했습니다. 상큼한 사과향과 로즈마리의 풋풋한 향이 녹차와 어우러져 마치 한 잔의 과일차를 즐기는 기분이 듭니다.

ASSEMBLE

Base	녹차 1작은술(2g), 로즈마리 1줄기
Liquid	물 300ml
Syrup	사과시럽 30ml
Garnish	사과 슬라이스 1개

RECIPE

a 티포트와 잔에 끓인 물을 부어 예열한다.

b 녹차 2g을 예열한 티포트에 넣고 끓인 물 300ml에 3분간 우린다.

c 예열한 잔에 로즈마리와 사과시럽을 넣는다.

d 우린 녹차를 거름망에 걸러 붓는다.

e 사과 슬라이스로 장식한다.

GREEN TEA + JUICE

COOL

코코넛파인애플그린티

코코넛과 파인애플의 향이 물씬 나는 녹차 아이스티입니다. 코코넛워터와 만난 녹차에 은은하게 퍼지는 열대의 향이 매력적입니다.

ASSEMBLE

- Base · 녹차 1작은술(2g)
- Liquid · 코코넛워터 30ml, 물 150ml, 얼음 가득
- Syrup · 시럽 15ml, 파인애플 슬라이스 1/2개
- Garnish · 파인애플 슬라이스 1/2개, 체리 1개

RECIPE

a 녹차 2g을 티포트에 넣고 끓인 물 150ml에 5분간 강하게 우린다.

b 잔에 시럽과 코코넛워터, 파인애플 슬라이스 1/2개를 넣고 머들러로 걸쭉해지도록 으깬다.

c 얼음을 가득 채우고 우린 녹차를 거름망에 걸러 조심스럽게 얼음 위에 붓는다.

d 파인애플 슬라이스를 적당한 크기로 잘라 칵테일 픽에 체리와 함께 꽂아 장식한다.

COOL

레몬라임그린티

녹차에 볶은 현미를 섞은 겐마이차는 고소하고 구수한 맛과 향이 특징이지요. 구수한 현미에 으깨 넣은 레몬과 라임의 매칭이 의외로 잘 어울립니다.

ASSEMBLE

Base   겐마이차(현미녹차) 1작은술(2g)
Liquid   물 150ml, 얼음 가득
Syrup   시럽 20ml, 레몬 1/4개, 라임 1/4개
Garnish   애플민트 1줄기

RECIPE

a   겐마이차 2g을 티포트에 넣고 끓인 물 150ml에 5분간 강하게 우린다.

b   잔에 시럽과 레몬과 라임을 껍질째 넣고 머들러로 껍질의 오일 성분이 충분히 나오도록 강하게 으깬다.

c   얼음을 가득 채우고 우린 겐마이차를 거름망에 걸러 조심스럽게 얼음 위에 붓는다.

d   애플민트 줄기로 장식한다.

GREEN TEA + MILK PRODUCTS

COOL & HOT

비엔나녹차

아인슈페너가 연상되는 그린밀크티입니다. '말 한 마리가 끄는 마차'라는 뜻의 아인슈페너는 마차의 흔들림 때문에 커피를 쏟는 일이 빈번해지자 이를 방지하고자 커피 위에 크림을 올리면서 유래되었다고 합니다. 크림은 섞지 말고 따로 드시길 권해요.

ASSEMBLE

Base	가루녹차 1작은술(2g)
Liquid	생크림 50ml, 우유 150ml, **COOL** 얼음 가득
Syrup	연유 30ml, 시럽 10ml
Garnish	가루녹차 한 꼬집

RECIPE

Cool
a. 잔에 가루녹차와 우유 30ml를 부어 섞는다.
b. 얼음을 가득 채우고 시럽과 우유 120ml를 부어 젓는다.
c. 믹싱 볼에 생크림과 연유를 넣고 약간 흐를 정도로 휘핑해 휘핑크림을 만든다.
d. b에 휘핑크림을 올리고 가루녹차를 뿌려 장식한다.

Hot
a. 우유 150ml를 밀크저그에 부어 전자레인지에서 40초간 데운다.
b. 잔에 가루녹차와 전자레인지에 데운 우유 30ml를 부어 섞는다.
c. 시럽과 남은 데운 우유도 모두 넣고 고루 젓는다.
d. 믹싱 볼에 생크림과 연유를 넣고 약간 흐를 정도로 휘핑해 휘핑크림을 만든다.
e. c에 휘핑크림을 올리고 가루녹차를 뿌려 장식한다.

GREEN TEA + MILK PRODUCTS

COOL

그린메론스무디

메론과 용과의 향이 지배적인 떼오도르의 가향녹차 삐쉐미뇽으로 만든 스무디입니다. 녹차와 메론, 우유가 만나 마치 메론맛 막대 아이스크림을 맛보는 기분이 듭니다.

ASSEMBLE

Base	삐쉐미뇽 **떼오도르/메론 가향녹차** 1작은술(2g), 메론 1/4통
Liquid	우유 20ml, 물 130ml, 각얼음 8~9개
Syrup	시럽 10ml
Garnish	메론 슬라이스 1개

RECIPE

a   삐쉐미뇽 2g을 티포트에 넣고 끓인 물 130ml에 5분간 강하게 우린다.

b   우린 삐쉐미뇽티는 거름망에 걸러 다른 찻잔에 담아 상온까지 식힌다.

c   블렌더 용기에 시럽, 우유, 각얼음, 메론 1/4통, 식힌 삐쉐미뇽티 90ml를 넣는다.

d   얼음 덩어리가 보이지 않을 때까지 블렌딩한다.

e   잔에 따르고 메론 슬라이스로 장식한다.

GREEN TEA + MILK PRODUCTS

COOL

연유그린티스무디

가루녹차와 연유로 만든 쉐이크입니다. 바닐라아이스크림을 넣어 풍미가 진하지요. 초록빛 색감이 보는 즐거움을 더합니다.

ASSEMBLE

Base 가루녹차 2작은술(4g)
Liquid 바닐라아이스크림 3스쿱(170g), 우유 120ml
Syrup 연유 30ml
Garnish 가루녹차 약간

RECIPE

a 블렌더 용기에 가니시용 가루녹차를 제외한 모든 재료를 넣는다.

b 용기 안에 메뉴가 부드러워질 때까지 블렌딩한다.

c 잔에 따르고 가루녹차를 뿌려 장식한다.

GREEN TEA + MILK PRODUCTS

HOT

비건그린밀크티

우유를 넣지 않은 그린밀크티입니다. 가루녹차 특유의 향에 고소한 두유와 콩가루를 추가해 한국인 입맛에 잘 맞습니다.

ASSEMBLE

Base	가루녹차 1작은술(2g)
Liquid	두유 200ml
Syrup	콩가루 1작은술(1g), 설탕 약간
Garnish	콩가루 한 꼬집

RECIPE

a   잔에 끓인 물을 부어 예열한다.

b   두유 200ml를 다른 잔에 부어 전자레인지에서 30초간 데운다.

c   예열한 잔에 가루녹차, 콩가루, 설탕, 데운 두유 약간을 넣고 잘 섞는다.

d   남은 데운 두유도 따른다.

e   콩가루 한 꼬집을 뿌려 장식한다.

GREEN TEA + MILK PRODUCTS

COOL

그린티아이스초코

가루녹차와 초콜릿를 매칭한 초코 드링크 음료입니다. 달콤한 초콜릿과 쌉쌀한 가루녹차의 조화가 일품이지요. 기분 좋은 경험을 선사합니다.

ASSEMBLE

Base	가루녹차 1작은술(2g)
Liquid	우유 200ml, 얼음 가득
Syrup	초코소스 25ml, 초코가루 2큰술(18g), 시나몬가루 약간, 소금 한 꼬집
Garnish	가루녹차 한 꼬집

RECIPE

a 잔에 초코소스, 초코가루, 시나몬가루, 소금을 넣는다.

b 다른 잔에 우유 50ml와 가루녹차를 넣고 젓는다.

c 우유 50ml를 전자레인지에서 20초간 데운다.

d a에 데운 우유를 넣어 재료와 고루 섞는다.

e 얼음을 가득 넣고 남은 우유 100ml를 붓는다.

f b를 붓고 가루녹차 한 꼬집을 뿌린다.

GREEN TEA + MILK PRODUCTS

COOL

그린티아보카도라씨

인도의 대표적인 요구르트 음료 라씨를 응용한 메뉴입니다. 녹차에 부드러운 아보카도와 새콤한 요구르트가 만나 새로운 맛을 내지요. 한 끼 식사 대용으로도 충분합니다.

ASSEMBLE

- Base 가루녹차 1작은술(2g), 아보카도 1개
- Liquid 무가당 요구르트 150ml, 각얼음 5~6개
- Syrup 꿀 30ml, 소금 한 꼬집
- Garnish 애플민트 1줄기

RECIPE

a 아보카도를 반 잘라 가운데 씨를 제거한 뒤 과육을 분리해 슬라이스한다.

b 블렌더 용기에 가니시용 민트 줄기를 제외한 모든 재료를 넣는다. 이때 아보카도 슬라이스 1개는 남겨둔다.

c 얼음이 완전히 갈릴 때까지 블렌딩한다.

d 잔에 따르고 아보카도 슬라이스 1개와 애플민트 줄기로 장식한다.

GREEN TEA + MILK PRODUCTS

COOL

그린티오레오쉐이크

가루녹차의 진한 풍미가 담긴 녹차아이스크림과 달콤한 초콜릿 쿠키로 맛낸 메뉴입니다. 초콜릿 쿠키를 함께 블렌딩해 식감이 색달라요.

ASSEMBLE

Base·Liquid 녹차아이스크림 4스쿱(230g), 오레오 쿠키 3개
Syrup 우유 45ml
Garnish 오레오 쿠키가루 약간

RECIPE

a 오레오 쿠키는 칼을 이용해 가운데 샌딩 부분의 크림을 제거한다.

b 블렌더 용기에 가니시용인 쿠키 가루를 제외한 모든 재료를 넣는다.

c 용기 안에 메뉴가 부드러워질 때까지 블렌딩한다.

d 잔에 따르고 오레오 쿠키가루를 뿌려 장식한다.

GREEN TEA + MILK PRODUCTS

GREEN TEA + MILK PRODUCTS

HOT

허니인디언그린밀크티

강황과 꿀로 새로운 메뉴를 만들었습니다. 맵고 쓴맛의 강황이 가루녹차와 우유, 꿀을 만나 의외의 맛을 내지요. 주황색 컬러가 음료에 포인트 주기에도 좋습니다.

ASSEMBLE

Base	가루녹차 1작은술(2g)
Liquid	우유 150ml
Syrup	꿀 20ml, 강황가루 1/2작은술(1g)
Garnish	강황가루 한 꼬집

RECIPE

a 잔에 끓인 물을 부어 예열한다.

b 우유 150ml를 밀크저그에 모두 넣고 전자레인지에서 30초간 데운다.

c 데운 우유는 거품기나 프렌치 프레스로 거품을 낸다.

d 예열한 잔에 가루녹차, 강황가루, 꿀, 데운 우유 약간을 넣고 섞는다.

e 남은 우유를 따르고 강황가루 한 꼬집을 뿌려 장식한다.

GREEN TEA + MILK PRODUCTS

COOL

그린티바나나스무디

바나나와 아몬드밀크, 가루녹차를 블렌딩한 스무디입니다. 바나나의 달콤함이 입맛을 돋우지요. 얼린 바나나를 넣어 스무디 질감을 살렸습니다.

ASSEMBLE

Base	가루녹차 1과1/2작은술(3g), 얼린 바나나 1개
Liquid	아몬드밀크 150ml, 각얼음 5~6개
Syrup	시럽 30ml, 소금 한 꼬집
Garnish	말린 바나나 칩 3개

RECIPE

a 블렌더에 가니시용 말린 바나나 칩을 제외한 모든 재료를 넣는다.

b 얼음이 다 갈릴 때까지 블렌딩한다.

c 잔에 따르고 말린 바나나 칩으로 부숴 넣어 장식한다.

GREEN TEA + MILK PRODUCTS

GREEN TEA + MILK PRODUCTS

COOL & HOT

메이플그린밀크티

메이플시럽이 들어간 그린밀크티로 메이플시럽 특유의 달달한 향과 카라멜의 풍미를 느낄 수 있습니다. 뜨거운 음료로, 차가운 음료로 즐기기 좋습니다.

ASSEMBLE

Base	가루녹차 1작은술(2g)
Liquid	우유 200ml, COOL 얼음 가득
Syrup	메이플시럽 20ml

RECIPE

Cool
- a 잔에 메이플시럽과 우유 50ml를 넣고 섞는다.
- b 다른 잔에 가루녹차와 우유 50ml를 넣어 젓는다.
- c a에 얼음을 가득 채우고 남은 우유 100ml를 따른다.
- d c에 b를 붓는다.

Hot
- a 우유 200ml를 밀크저그에 넣고 전자레인지지에 40초간 데운다.
- b 잔에 메이플시럽과 데운 우유 50ml을 넣고 섞는다.
- c 다른 잔에 가루녹차와 데운 우유 50ml를 담아 젓는다.
- d b에 c와 남은 우유를 붓는다.

67

GREEN TEA + SPARKLING WATER

COOL

시나몬애플티에이드

사과와 시나몬의 향이 매력적인 스파클링티입니다. 사과주스를 섞은 녹차에 시나몬 스틱을 꽂아두면 서서히 녹차에 시나몬 향기가 스며들지요.

ASSEMBLE

Base	녹차 1작은술(2g)
Liquid	100% 사과주스 30ml, 탄산수 1병(500ml), 물 100ml
Syrup	시럽 15ml, 레몬즙 5ml
Garnish	시나몬 스틱 1개, 사과 슬라이스 1개

RECIPE

a   녹차 2g을 티포트에 넣고 끓인 물 100ml에 5분간 강하게 우린다.

b   우린 녹차는 거름망에 걸러 다른 찻잔에 붓고 상온까지 식힌다.

c   잔에 시럽, 레몬즙, 사과주스를 넣고 섞는다.

d   식힌 녹차 80ml를 잔 벽면을 타고 흐르도록 조심스럽게 붓는다.

e   탄산수로 남은 부분을 채운다.

f   사과 슬라이스로 장식한 뒤 시나몬 스틱을 꽂는다.

GREEN TEA + SPARKLING WATER

GREEN TEA + SPARKLING WATER

COOL

스트로베리그린티에이드

스파클링 녹차에 딸기시럽을 추가하면 특별한 녹차 에이드를 즐길 수 있습니다. 수제 딸기시럽으로 건강한 스파클링티를 즐겨보세요.

ASSEMBLE

Base	녹차 1큰술(5g) 또는 티백 2개
Liquid	탄산수 1병(500ml), 얼음 가득
Syrup	딸기시럽 30ml
Garnish	딸기 슬라이스 5개

RECIPE

a 녹차 5g을 따뜻한 물에 15초간 적셔 탄산수 병에 넣은 뒤 뚜껑을 강하게 닫아 냉장고에서 8~12시간 거꾸로 둔다.

b 잔에 딸기시럽을 넣는다.

c 얼음을 가득 채우고 딸기 슬라이스 5개를 넣는다.

d a의 탄산수에 냉침한 녹차 180ml를 거름망에 걸러 따른다.

GREEN TEA + SPARKLING WATER

COOL

바닐라자스민녹차에이드

자스민티에 바닐라아이스크림을 올린 플로팅 메뉴입니다. 한 번에 티와 아이스크림을 즐길 수 있지요. 스파클링 냉침 자스민티를 만들어 아이스크림과 함께 즐겨보세요.

ASSEMBLE

Base	자스민 1큰술(5g) 또는 티백 2개
Liquid	탄산수 1병(500ml), 잘게 부순 얼음 100g
Syrup	바닐라아이스크림 1스쿱(55g)
Garnish	가루녹차 약간

RECIPE

a   자스민 5g을 따뜻한 물에 15초간 적셔 탄산수 병에 넣은 뒤 뚜껑을 강하게 닫아 냉장실에서 8~12시간 거꾸로 둔다.

b   잔에 잘게 부순 얼음을 가득 채운다.

c   a의 탄산수에 냉침한 자스민티 250ml를 거름망에 걸러 붓는다.

d   바닐라아이스크림 1스쿱을 떠서 위에 올린다.

e   가루녹차를 소복히 뿌려 장식한다.

GREEN TEA + SPARKLING WATER

COOL

맛차에이드

가루녹차의 맛과 향을 온전히 즐길 수 있는 메뉴입니다. 취향에 따라
감미료를 넣을 수 있지만, 녹차 본연의 맛을 즐기기 위해
감미료 없이 즐기기를 권합니다.

ASSEMBLE

Base   가루녹차 1작은술(2g)
Liquid   탄산수 1병(500ml), 얼음 가득
Garnish   페퍼민트 1줄기

RECIPE

a   잔에 가루녹차를 넣고 탄산수를 조금 따라 섞는다.

b   얼음을 가득 채운다.

c   남은 탄산수를 조심스럽게 따른다.

d   페퍼민트 줄기로 장식한다.

GREEN TEA + SPARKLING WATER

GREEN TEA + SPARKLING WATER

COOL

진저레몬그린티에이드

생강은 주로 겨울용 메뉴에 많이 쓰이지만 차가운 메뉴에도 잘 어울리지요. 톡 쏘는 스파이시한 생강과 프레시한 레몬, 쌉쌀한 녹차의 3박자가 낯설지 않습니다.

ASSEMBLE

Base 녹차 1작은술(2g)
Liquid 탄산음료 **스프라이트** 1병(250ml), 물 100ml, 얼음 가득
Syrup 생강시럽 10ml, 시럽 10ml, 레몬즙 10ml
Garnish 생강 슬라이스 2개, 레몬 슬라이스 3개

RECIPE

a 녹차 2g을 티포트에 넣고 끓인 물 100ml에 5분간 강하게 우린다.

b 우린 녹차는 거름망에 걸러 다른 찻잔에 붓고 상온까지 식힌다.

c 잔에 생강시럽과 시럽, 레몬즙을 넣고 섞는다.

d 얼음을 가득 채우고 식힌 녹차 80ml를 붓는다.

e 탄산음료로 남은 부분을 채운다.

f 생강 슬라이스와 레몬 슬라이스를 얼음 사이에 끼워 장식한다.

GREEN TEA + SPARKLING WATER

GREEN TEA + SPARKLING WATER

COOL

블루베리라벤더스프릿츠

스프릿츠는 와인에 탄산수를 넣어 만든 칵테일입니다. 오늘은 블루베리라벤더시럽을 이용해 무알코올로 만들었습니다. 블루베리와 라벤더의 앙상블이 근사해요.

ASSEMBLE

Base	녹차 1큰술(5g) 또는 티백 2개
Liquid	탄산수 1병(500ml)
Syrup	블루베리라벤더시럽 30ml, 레몬즙 5ml
Garnish	블루베리 5알

RECIPE

a 녹차 5g을 따뜻한 물에 15초간 적셔 탄산수 병에 넣은 뒤 뚜껑을 강하게 닫아 냉장고에서 8~12시간 거꾸로 둔다.

b 잔에 블루베리라벤더시럽과 레몬즙을 넣고 섞는다.

c a의 탄산수에 냉침한 녹차 180ml를 거름망에 걸러 조심스럽게 따른다.

d 블루베리로 장식한다.

79

GREEN TEA + SPARKLING WATER

GREEN TEA + SPARKLING WATER

COOL

리치큐컴버그린티에이드

대표적인 열대과일 중 하나인 리치에 수분 가득한 오이를 매칭한 스파클링티입니다. 음료에 띄운 냉동 리치와 돌돌 말아 넣은 오이 슬라이스의 비주얼도 특별합니다.

ASSEMBLE

Base	녹차 1작은술(2g)
Liquid	리치주스 30ml, 탄산음료 스프라이트 1병(250ml), 물 120ml, 얼음 가득
Syrup	시럽 10ml, 레몬즙 5ml
Garnish	냉동 리치 3개, 오이 슬라이스 4개, 애플민트 1줄기

RECIPE

a 녹차 2g을 티포트에 넣고 뜨거운 물 120ml에 5분간 강하게 우린다.

b 우린 녹차는 거름망에 걸러 다른 찻잔에 붓고 상온까지 식힌다.

c 잔에 시럽, 레몬즙, 리치주스를 넣고 섞는다.

d 얼음과 냉동 리치를 넣고 오이 슬라이스를 돌돌 말아 넣는다.

e 식힌 녹차 100ml를 붓고, 나머지 공간을 탄산음료로 채운다.

f 애플민트 줄기로 장식한다.

GREEN TEA + SPARKLING WATER

GREEN TEA + SPARKLING WATER

COOL

겐마이차에이드

현미녹차 특유의 고소함을 살린 에이드입니다. 곡류인 현미와 견과류인 헤이즐넛의 매칭이 의외로 잘 어울리지요. 라임즙의 상큼함도 입안에 오래 남습니다.

ASSEMBLE

Base	겐마이차(현미녹차) 1작은술(2g)
Liquid	탄산수 1병(500ml), 물 100ml, 얼음 가득
Syrup	헤이즐넛시럽 15ml, 라임즙 5ml
Garnish	라임 슬라이스 1개

RECIPE

a   겐마이차 2g을 티포트에 넣고 끓인 물 100ml에 5분간 강하게 우린다.

b   우린 겐마이차는 거름망에 걸러 다른 찻잔에 붓고 상온까지 식힌다.

c   잔에 헤이즐넛시럽과 라임즙을 넣고 섞는다.

d   얼음을 가득 채우고 식힌 겐마이차 80ml를 따른다.

e   남은 부분을 탄산수로 채운다.

f   라임 슬라이스로 장식한다.

GREEN TEA + SPARKLING WATER

GREEN TEA + SPARKLING WATER

COOL

그린티상그리아

상그리아는 스페인과 포루투칼의 전통 음료로 와인을 넣어 먹는 것이 특징이지요. 와인이 아닌 포도주스를 넣고 무알콜 메뉴로 즐겨보세요. 파티에 어울리는 메뉴입니다.

ASSEMBLE 4인용

Base	녹차 티백 2개(5g)
Liquid	포도주스 300ml, 탄산수 1병(500ml), 얼음 가득
Syrup	시럽 50ml, 레몬즙 20ml
Garnish	포도 20알, 오렌지 1/2개, 레몬 1/2개, 라임 1/2개, 자몽 1/2개

RECIPE

a 녹차 티백 2개(5g)를 따뜻한 물에 15초간 적셔 탄산수 병에 넣은 뒤 뚜껑을 강하게 닫아 냉장고에서 8~12시간 거꾸로 둔다.

b 과일은 단면이 보이도록 슬라이스해 준비한다.

c 피쳐 글라스(1L)에 손질한 과일과 시럽, 레몬즙, 포도주스를 넣고 섞는다.

d 얼음을 가득 채우고 a의 탄산수에 냉침한 녹차 500ml를 가득 붓는다.

e 잔에 따르기 전 상그리아를 살짝 저어 녹차와 나머지 재료를 섞는다.

GREEN TEA + SPARKLING WATER

GREEN TEA + SPARKLING WATER

COOL

파인애플비니거티에이드

유럽에서는 오래 전부터 식초에 감미료를 넣어 만든 슈럽(Shrub)을 즐겨왔습니다. 초산의 톡 쏘는 새콤함과 감미료의 달콤함이 상당히 매력적인 음료이지요. 파인애플 식초에 시럽을 넣어 만든 슈럽에 스파클링티를 더했습니다.

ASSEMBLE

Base	녹차 1작은술(2g)
Liquid	탄산수 1병(500ml), 물 100ml, 얼음 가득
Syrup	시럽 30ml, 파인애플 식초 15ml
Garnish	파인애플 슬라이스 1개

RECIPE

a   녹차 2g을 티포트에 넣고 뜨거운 물 100ml에 5분간 강하게 우린다.

b   우린 녹차는 거름망에 걸러 다른 찻잔에 붓고 상온까지 식힌다.

c   잔에 시럽과 파인애플 식초를 넣어 섞는다.

d   얼음을 가득 채우고 식힌 녹차 80ml를 붓는다.

e   남은 부분을 탄산수로 채운다.

f   파인애플 슬라이스를 적당한 크기로 잘라 장식한다.

TEA + VARIATION

[홍차 + ∂]

Black Tea + Variation

홍차는 세계에서 가장 많이 즐기는 차입니다. 종류도 많거니와 향과 맛도 제각각이라 와인에 비유되기도 하지요. 베리에이션도 다채로와 다양한 음료에서 활용됩니다. 특히 마시고 난 뒤 입안이 깔끔하게 정리되는 느낌은 홍차 베리에이션 티만의 특징이기도 합니다.

+ Sparkling Water

+ Juice

+ Milk Products

홍차, 세계사를 바꾸다
홍차는 세계사를 움직인 숨은 주인공입니다. 중국과 영국이 벌인 아편전쟁부터 미국 독립전쟁의 발단이 된 보스턴 차 사건까지 그 뒤에 홍차가 있었습니다. 당시 고가품으로 유럽의 귀족들이 몹시 사랑하던 홍차는 영국인들의 눈물겨운 노력으로 대중화되기 시작하였고, 그 결과 전 세계인이 즐기는 차로 자리잡게 되었습니다.

단일지역 차 vs 블렌디드 티 vs 가향홍차
최초의 홍차는 우롱차를 재배하던 중국 복건성 무이산 지역에서 유래합니다. 주요 생산국은 스리랑카, 인도, 중국, 케냐로 이처럼 각 재배지에서 나온 차를 '단일지역 차'라고 합니다. 맛과 향이 다른 지역의 차를 블렌딩해 만든 것이 잉글리시 블랙퍼스트 같은 '블렌디드 티'입니다. 최근에는 차와 허브, 차와 꽃, 차와 과일처럼 다양한 재료와 블렌딩한 제품도 볼 수 있지요. 인위적으로 향을 첨가하거나 착향시킨 '가향홍차'도 늘고 있습니다. 과일향, 꽃향, 향신료, 심지어 버번위스키 향을 가향한 홍차도 있습니다.

홍차가 만들어지기까지 : 채엽-위조-유념-산화-건조
홍차는 녹차에 비해 복잡한 과정을 거칩니다. 우선 채취한 찻잎을 고루 펴서 서서히 말리는 위조를 합니다. 이때 수분이 40% 증발되면서 찻잎 성분도 농축되지요. 이어 찻잎을 서로 비벼 상처를 내는 유념 과정을 거쳐 일정한 온도의 발효실에서 산화시키는데, 이때 찻잎의 색이 갈색으로 바뀝니다. 갈색의 차를 건조기에 넣거나 숯불에 건조시키면 홍차가 완성됩니다. 이러한 공정을 통해 만들어진 홍차를 발효차(산화차)라고 합니다.

홍차 보관법 : 밀폐용기·그늘
홍차에는 유통기한이 없습니다. 다만 상미기간이 있지요. 보통 제품 케이스에 'Best Before 날짜'로 표기합니다. 그 날짜가 지나면 차의 향이나 맛이 처음보다 떨어진다는 의미이지요. 상미기간 내 소비하는 게 좋지만 지났다고 해도 음용이 불가한 건 아닙니다. 향이 날아간 차는 시럽을 만들어 활용하는 것도 방법입니다.

[홍차의 종류 : 중국 · 인도 · 스리랑카 대표차]

🇨🇳 랍상소우총
최초의 홍차입니다. 청나라 초기, 우롱차를 만들던 중국 복건성 지역에서 전쟁으로 차를 돌보지 못해 차가 완전히 산화되어 못 쓰게 되자 소나무를 태워서 만들어졌다고 합니다. 은은한 과일향과 훈연향으로 유럽에서 인기가 좋습니다.

🇨🇳 기문
중국의 안휘성을 대표하는 홍차로 스리랑카의 우바, 인도의 다즐링과 함께 세계 3대 홍차로 불립니다. 특유의 꽃향과 과일향이 유명해 '기문향'이라는 말도 생겼지요. 제조과정이 정교하고 섬세한 차에만 붙는 '공부차'에 속하기도 합니다.

🇮🇳 아쌈
인도의 대표 홍차 중 하나로 지역명을 따 '아쌈홍차'라고 불립니다. 중국 이외의 지역에서 처음 발견된 차로, 1830년 초반에야 차로 인정받았습니다. 맥아(몰트)향과 약간의 장미향, 과실향이 나며 맛과 색이 진합니다.

🇮🇳 다즐링
홍차의 샴페인이라 불리는 인도의 고급 홍차입니다. 해발 2000미터 이상의 다즐링 지역에서 봄, 초여름, 늦여름 3차례 수확해 만듭니다. 중국종 차나무의 찻잎으로 만들어 중국차에 대한 로망이 있는 영국인들에게 특히 사랑받고 있습니다.

🇱🇰 누와라 엘리야
스리랑카의 가장 높은 지역인 해발 1868미터 지대에서 생산되는 홍차로 종종 인도의 고산지대에서 재배되는 다즐링 홍차와 비교되기도 합니다. 산뜻하면서도 달콤한 꽃향으로 스트레이트 티로 즐기기 좋습니다.

🇱🇰 우바
세계 3대 홍차로 꼽히는 스리랑카 대표 홍차입니다. 립톤의 창시자이자 영국의 홍차왕이라 불리는 토마스 립톤에 의해 '실론(스리랑카의 옛 이름) 티라는 이름으로 세상에 소개되었지요. 은은한 민트향과 농익은 과일향의 농축된 홍차입니다.

🇱🇰 딤불라
스리랑카의 남서쪽에 위치한 지역에서 재배된 차로, 우렸을 때 전형적인 적갈색을 띕니다. 수색은 진한 반면 떫은맛이 덜하고 다양한 향미를 느낄 수 있어 밀크티로 즐기기에 좋습니다. 꽃향과 적당한 풀향, 과일향이 조화를 이룹니다.

BLACK TEA

[맛있는 홍차 우리기 공식 : 2~3g · 100℃ · 300~400ml · 3분]

홍차 우림의 적정 물 온도 : 끓는 물
홍차는 끓인 물만 있으면 언제 어디서든 즐길 수 있습니다. 홍차는 잎의 크기와 형태가 다양해 우리는 물의 양과 시간이 중요합니다. 홍차 2~3g 기준으로 300~400ml가 적당하지요. 차마다 우리는 시간이 조금씩 차이가 있지만 최대 5분을 넘지지 않아야 합니다. 특히 스트레이트 티의 경우 3분 이상 우리면 차의 맛이 떫고 쓴맛이 강해지므로 주의하세요.

홍차 티백 vs 가루홍차
홍차 티백은 이전에는 거의 가루 타입이 대부분이었으나, 최근에는 잎차를 넣은 티백 제품도 늘어나는 추세입니다. 티백도 잎차와 동일하게 우리는 시간은 3분 정도가 적당한데, 가루홍차 제품이라면 3분 미만으로 우리기를 권합니다. 가루 타입은 차의 맛과 향이 우러나오는 시간이 빨라 3분을 기점으로 떫은맛이 강하게 올라오는 경향이 있습니다.

베리에이션 음료 베이스용 홍차
메뉴를 구성하는 베이스로 홍차를 이용한다면 5분 정도 우리는 것이 좋습니다. 물의 양은 1잔 기준 100~150ml가 적당합니다. 차의 양은 만드는 이의 기호에 따라 가감하면 되는데 가능한 2g을 지켜주세요. 그 이상일 경우 홍차의 탄닌 성분이 급격한 온도 변화를 겪으면서 백탁현상(크림다운 현상)을 일으켜 떫은맛이 상승됩니다.

[홍차 활용 베리에이션 +]

홍차 + 주스
향이 풍부한 홍차에 주스의 상큼한 맛을 더하면 새로운 스타일의 음료가 만들어집니다. 기존의 단조로운 홍차에서 맛과 멋을 동시에 즐길 수 있는 젊은 감성의 음료로 변신하지요. 과일향이 나는 가향홍차에 주스를 매칭하면 향이 훨씬 풍성해집니다. 다양한 향의 홍차와 과일주스를 베리에이션해 보세요.

홍차 + 유제품
기존의 우유가 들어간 밀크티 메뉴를 발전시킨 메뉴입니다. 우유뿐만 아니라 유제품으로 영역을 넓혀 다양한 맛과 질감을 느낄 수 있지요. 크림이 들어간 아이스크림이나 치즈로도 여러 형태의 밀크티를 만들 수 있습니다. 깔끔하게 마시던 기존의 밀크티와는 달리 묵직한 바디감에 짭짤하고 달달한 메뉴를 맛보세요.

홍차 + 탄산수
홍차에 탄산을 섞으면 음료의 이미지가 강해집니다. 탄산의 짜릿함이 여름 음료와 잘 어울리지요. 베이스 홍차에 탄산음료 또는 탄산수를 섞거나 홍차를 탄산수에 냉침시켜 만듭니다. 탄산수메이커가 있다면 우린 차에 직접 탄산을 주입해 사용하는 것도 방법입니다.

[홍차와 어울리는 재료 +]

대부분의 홍차는 웬만한 과일과 잘 어울립니다. 과일 외에도 궁합이 좋은 재료들이 많은데, 스페셜 음료 구성에 필요한 재료들을 소개합니다.

홍차 + 향신료	시나몬, 카르다몸, 생강이 특히 잘 어울립니다. 유명한 인도 밀크티인 마살라차이도 홍차에 향신료를 더해 만든 음료입니다.
+ 캐러멜	초콜릿, 캐러멜 등 커피와 어울리는 재료들도 홍차와 잘 맞지요. 특히 솔티드 캐러멜은 달달하면서도 짭짤한 메뉴 재료로 사용됩니다.
+ 건포도	건포도의 달콤한 향이 차의 아로마를 풍부하게 해줍니다. 시럽을 만들어 메뉴에 넣어도 좋아요.
+ 크림	생크림, 휘핑크림, 커스터드크림 등 홍차와 크림은 궁합이 좋습니다. 밀크티의 맛을 풍부하게 합니다.
+ 시트러스	시트러스 과일은 홍차 베리에이션의 핵심 재료이지요. 특히 얼그레이와 만나면 시트러스의 다양향 향을 경험할 수 있습니다.
+ 복숭아	특유의 산미와 단맛의 복숭아는 홍차를 상큼하게 해줍니다. 시럽, 주스, 퓨레 등 다양한 형태를 이용해 차의 풍미를 살리세요.
+ 사과	사과 자체의 뒷맛에서 느껴지는 약간의 떫은맛이 홍차와 만나 입안을 깔끔하게 정리해줍니다.
+ 바닐라	에센스나 시럽 타입으로 메뉴에 첨가하며, 다른 재료의 향을 끌어올려줍니다. 홍차와 단독으로 블렌딩한 제품도 많습니다.

BLACK TEA + JUICE

COOL & HOT

피치스윗티

아이스티하면 떠오르는 립톤 아이스티 복숭아 맛을 고급스럽게 표현했습니다. 약간의 사과주스를 더하면 그 맛이 한결 상큼하면서도 풍부해집니다.

ASSEMBLE

Base	복숭아 가향홍차 티백 1개
Liquid	사과주스 15ml, 물 150ml, COOL 얼음 가득
Syrup	시럽 30ml
Garnish	레몬 슬라이스 2개, 애플민트 1줄기

RECIPE

Cool
a 복숭아 가향홍차 티백 1개를 티포트에 넣고 끓인 물 150ml에 5분간 우린다.
b 잔에 시럽과 사과주스를 넣고 섞는다.
c 얼음을 가득 채우고 우린 복숭아 가향홍차를 서서히 따른다.
d 레몬 슬라이스와 애플민트 줄기로 장식한다.

Hot
a 티포트와 잔에 끓인 물을 부어 예열한다.
b 복숭아 가향홍차 티백 1개를 티포트에 넣고 끓인 물 150ml에 5분간 우린다.
c 예열한 잔에 시럽과 사과주스를 넣고 섞는다.
d 우린 복숭아 가향홍차를 서서히 따른 뒤 레몬 슬라이스와 애플민트 줄기로 장식한다.

BLACK TEA + JUICE

COOL

오렌지레몬다즐링아이스티

머스캣향을 머금은 다즐링에 시트러스 과일 베이스의 주스를 매칭하면 과일의 향과 맛이 잘 살아 있는 아이스티를 만들 수 있습니다.

ASSEMBLE

Base	다즐링 1작은술(2g)
Liquid	100% 오렌지주스 15ml, 물 130ml, 얼음 가득
Syrup	시럽 30ml, 레몬즙 10ml
Garnish	오렌지 슬라이스 1개, 레몬 슬라이스 2개

RECIPE

a   다즐링 2g을 티포트에 넣고 끓인 물 130ml에 5분간 우린다.

b   잔에 시럽, 레몬즙, 오렌지주스를 넣고 섞는다.

c   얼음을 가득 채우고 우린 다즐링티를 거름망에 걸러 서서히 따른다.

d   오렌지 슬라이스와 레몬 슬라이스를 얼음 사이에 끼워 장식한다.

BLACK TEA + JUICE

BLACK TEA + JUICE

COOL

망고앤스트로베리아이스티

딜마의 망고앤스트로베리티는 망고향과 딸기향이 강한 가향홍차입니다. 가니시로 망고와 딸기를 매칭하면 시간이 지날수록 진해지는 과일의 향을 느낄 수 있습니다.

ASSEMBLE

Base	망고앤스트로베리티 딜마/망고&딸기 가향홍차 티백 1개
Liquid	물 150ml, 얼음 가득
Syrup	시럽 20ml, 라임즙 5ml
Garnish	망고 슬라이스 5개, 딸기 슬라이스 3개, 애플민트 1줄기

RECIPE

a 망고앤스트로베리티 티백을 티포트에 넣고 끓인 물 150ml에 5분간 강하게 우린다.

b 잔에 시럽과 라임즙을 넣고 섞는다.

c 얼음을 가득 채우고 우린 망고앤스트로베리티를 서서히 따른다.

d 망고 슬라이스와 딸기 슬라이스, 애플민트 줄기를 함께 장식한다.

BLACK TEA + JUICE

COOL

크랜베리로즈아이스티

크랜베리주스와 장미 가향홍차로 만든 아이스티입니다. 포트넘 앤 메이슨의 로즈포총은 장미향이 은은하게 나는 가향홍차로 아이스티와도 잘 어울리지요. 가니시로 장미 꽃잎을 한 장 띄우면 로맨틱한 음료가 완성됩니다.

ASSEMBLE

Base	로즈포총 **포트넘 앤 메이슨/장미 가향홍차** 1작은술(2g)
Liquid	크랜베리주스 30ml, 물 150ml, 얼음 가득
Syrup	시럽 15ml
Garnish	라임 슬라이스 1개, 장미 꽃잎 1장

RECIPE

a 로즈포총 2g을 티포트에 넣고 끓인 물 150ml에 5분간 우린다.

b 잔에 시럽과 크랜베리주스를 섞는다.

c 얼음을 가득 채우고 우린 로즈포총티를 거름망에 걸러 서서히 따른다.

d 라임 슬라이스를 넣고 장미 꽃잎을 음료 위에 띄운다.

BLACK TEA + JUICE

COOL & HOT

오미자시나몬아이스티

오미자는 달고, 쓰고, 시고, 맵고, 짠맛이 느껴진다 하여 이름 붙여진 열매입니다. 주로 청이나 차로 즐기는데 시나몬향의 가향홍차와도 궁합이 좋습니다.

ASSEMBLE

Base	노엘 **마리아주 프레르/시나몬 가향홍차** 1작은술(2g)
Liquid	물 150ml, **COOL** 얼음 가득
Syrup	오미자청 30ml
Garnish	레몬 슬라이스 1개, 시나몬 스틱 1개

RECIPE

Cool
- a 노엘 2g을 티포트에 넣고 끓는 물 150ml에 5분간 우린다.
- b 우린 노엘티는 거름망에 걸러 다른 찻잔에 담아 상온까지 식힌다.
- c 쉐이커에 오미자청을 넣고 식힌 노엘티 120ml를 붓는다.
- d c에 얼음을 가득 넣고 강하게 8~10초간 흔든다.
- e 잔에 얼음을 넣고 d의 메뉴를 따른다.
- f 레몬 슬라이스와 스나몬 스틱으로 장식한다.

Hot
- a 티포트와 잔에 끓인 물을 부어 예열한다.
- b 노엘 2g을 티포트에 넣고 끓인 물 150ml에 5분간 우린다.
- c 예열한 잔에 오미자청을 넣는다.
- d 우린 노엘티를 거름망에 걸러 붓고 섞는다.
- e 레몬 슬라이스와 시나몬 스틱으로 장식한다.

BLACK TEA + JUICE

COOL

얼그레이레몬슬러시티 *Starbucks Style*

얼그레이의 베르가못향과 레몬의 시트러스한 향이 어우러져 독특한 맛과 향을 냅니다. 레몬 슬러시와 얼그레이를 동시에 즐기는 아이스 음료입니다.

ASSEMBLE

Base	얼그레이 1작은술(2g)
Liquid	물 150ml, 각얼음 8개
Syrup	시럽 45ml, 레몬즙 30ml
Garnish	레몬 슬라이스 1개, 페퍼민트 1줄기

RECIPE

a   얼그레이 2g을 티포트에 넣고 끓인 물 150ml에 5분간 강하게 우린다.

b   우린 얼그레이티를 거름망에 걸러 다른 찻잔에 담아 상온까지 식힌다.

c   블렌더에 시럽, 레몬즙, 각얼음을 넣고 곱게 갈아준다.

d   잔에 c의 레몬 슬러시를 넣는다.

e   식힌 얼그레이티를 조심스럽게 붓고 레몬 슬라이스와 페퍼민트 줄기로 장식한다.

COOL

스트로베리퓨레아이스티 *A Twosome Place Style*

딸기 퓨레를 이용한 아이스티 메뉴. 시럽이나 주스 대신 퓨레를 가미해 생 과일주스의 느낌을 살렸습니다. 카페 투썸플레이스의 인기 메뉴이기도 합니다.

ASSEMBLE

- Base : 딸기 가향홍차 티백 1개, 딸기 4개
- Liquid : 물 150ml, 얼음 가득
- Syrup : 시럽 20ml
- Garnish : 애플민트 1줄기

RECIPE

a   딸기 가향홍차 티백 1개를 티포트에 넣고 끓인 물 150ml에 5분간 우린다.

b   블렌더 용기에 딸기 3개와 시럽을 넣고 갈아 딸기퓨레를 만든다.

c   잔에 얼음을 가득 채우고 우린 딸기 가향홍차를 서서히 따른다.

d   남은 딸기 1개를 슬라이스해 얼음 사이에 끼운다.

e   딸기 퓨레를 음료 위에 올리고 애플민트 줄기로 장식한다.

BLACK TEA + JUICE

COOL

블루베리망고아이스티

블루베리 가향홍차에 망고주스를 더해 열대과일 느낌이 나는 아이스티 음료입니다. 바닐라시럽을 추가해 그 맛도 특별하지요. 블루베리를 얼음 사이에 알알이 띄운 비주얼도 색달라요.

ASSEMBLE

Base	블루베리 가향홍차 티백 1개
Liquid	망고주스 30ml, 물 150ml, 얼음 가득
Syrup	바닐라시럽 10ml
Garnish	블루베리 10알

RECIPE

a   블루베리 가향홍차 티백 1개를 티포트에 넣고 끓인 물 150ml에 5분간 우린다.

b   잔에 바닐라시럽과 망고주스를 넣고 섞는다.

c   얼음을 가득 채우고 우린 블루베리 가향홍차를 서서히 따른다.

d   블루베리를 넣어 장식한다.

BLACK TEA + JUICE

COOL & HOT

허니자몽블랙티 *Starbucks Style*

스타벅스의 인기 메뉴인 자몽허니블랙티를 응용한 메뉴입니다. 입안에 퍼지는 자몽과 끝맛에서 느껴지는 홍차의 쌉쌀함이 고급스러운 아이스티이지요. 자몽청이 없다면 자몽시럽이나 자몽스무디 베이스를 활용하세요.

ASSEMBLE

Base	실론티 1작은술(2g)
Liquid	물 150ml, **COOL** 얼음 가득
Syrup	자몽청 30ml, 꿀 15ml
Garnish	자몽 슬라이스 1개

RECIPE

Cool
- a 실론티 2g을 티포트에 넣고 끓인 물 150ml에 5분간 강하게 우린다.
- b 잔에 자몽청과 꿀을 넣고 섞는다.
- c 얼음을 가득 채우고 우린 실론티를 거름망에 걸러 조심히 따른다.
- d 자몽 슬라이스로 장식한다.

Hot
- a 티포트와 잔에 끓인 물을 부어 예열한다.
- b 실론티 2g을 티포트에 넣고 끓인 물 150ml에 5분간 강하게 우린다.
- c 예열한 잔에 자몽청과 꿀을 넣고 섞는다.
- d 우린 실론티는 거름망에 걸러 조심히 따르고 자몽 슬라이스를 그 위에 띄운다.

BLACK TEA + JUICE

COOL

레몬라임바질아이스티

레몬과 라임의 향이 가향된 홍차에 바질향을 곁들인 아이스티 메뉴입니다. 과일 베이스의 실론티와 허브의 조화를 느껴보세요.

ASSEMBLE

Base	레몬앤라임티 **딜마/레몬&라임 가향홍차** 티백 1개
Liquid	물 120ml, 얼음 가득
Syrup	시럽 30ml, 바질잎 2장, 레몬 1/2개
Garnish	레몬 슬라이스 1개, 바질잎 1장

RECIPE

a 레몬앤라임티 티백 1개를 티포트에 넣고 끓인 물 120ml에 5분간 우린다.

b 잔에 시럽과 바질잎 2장, 레몬 1/2개를 반으로 잘라 넣고 머들러로 으깬다.

c 얼음을 가득 채우고 우린 레몬앤라임티를 서서히 따른다.

d 레몬 슬라이스와 바질잎으로 장식한다.

BLACK TEA + MILK PRODUCTS

COOL & HOT

런던포그 *Starbucks Style*

메뉴명과 달리 영국이 아닌 캐나다에서 만들어진 메뉴입니다. 진하게 우린 얼그레이티에 넣은 우유가 마치 자욱하게 피어오르는 안개 같다하여 붙여진 이름이지요. 꿀과 바닐라시럽으로 맛을 내는 기존 메뉴와 달리 라벤더시럽으로 색다르게 만들었습니다.

ASSEMBLE

Base	얼그레이 2작은술(4g)
Liquid	우유 100ml, 물 120ml, COOL 얼음 가득
Syrup	라벤더시럽 10ml
Garnish	얼그레이 한 꼬집

RECIPE

Cool
a 얼그레이 4g을 티포트에 넣고 끓인 물 120ml에 5분간 강하게 우린다.
b 우린 얼그레이티를 거름망으로 걸러 다른 찻잔에 담아 상온까지 식힌다.
c 우유는 우유 거품기로 거품을 낸다.
d 잔에 라벤더시럽과 식힌 얼그레이티를 넣고 젓는다.
e 얼음을 가득 채우고 c의 포밍우유를 넣는다.
f 얼그레이 한 꼬집을 거품 위에 뿌려 장식한다.

Hot
a 티포트와 잔에 끓인 물을 부어 예열한다.
b 얼그레이 4g을 티포트에 넣고 끓인 물 120ml에 5분간 강하게 우린다.
c 우유는 밀크저그에 넣어 전자레인지에서 30초간 데워 거품기로 거품을 낸다.
d 예열한 잔에 우린 얼그레이티를 거름망에 걸러 따른다.
e 라벤더시럽을 넣어 섞은 뒤 c의 포밍우유를 붓는다.
f 얼그레이 한 꼬집을 거품 위에 뿌려 장식한다.

BLACK TEA + MILK PRODUCTS

COOL

치즈크림블랙티 *Starbucks Style*

중국의 티 프렌차이즈 카페에서 개발한 메뉴로, 일명 '치즈티'로 불리며 선풍적인 인기를 모은 음료입니다. 아이스티에 치즈크림을 올려 달고 짭짤한 맛이 특징이지요. 홍차 외에 녹차, 우롱차 등 베이스에 변화를 주기도 합니다.

ASSEMBLE

Base	블랙퍼스트 1작은술(2g)
Liquid	물 150ml, 얼음 가득
Syrup	시럽 15ml
Garnish	치즈크림(휘핑크림 150ml, 우유 120ml, 연유 5g, 소금 2g, 설탕 3g, 크림치즈 5g)

RECIPE

a 믹싱 볼에 휘핑크림, 우유, 연유, 소금, 설탕, 크림치즈를 넣고 저어 치즈크림을 만든다.

b 블랙퍼스트 2g을 티포트에 넣고 끓인 물 150ml에 5분간 강하게 우린다.

c 잔에 시럽을 넣고 얼음을 가득 채운다.

d 우린 블랙퍼스트티를 거름망으로 걸러 얼음 위에 따른다.

e 그 위에 a의 치즈크림을 올린다.

BLACK TEA + MILK PRODUCTS

COOL

바닐라애플쉐이큰밀크티 *Starbucks Style*

산뜻한 사과향이 입안에 맴도는 진한 밀크티 메뉴입니다. 사과 가향홍차에 우유 대신 바닐라아이스크림을 넣어 풍미를 더했지요. 사과 슬라이스로 포인트를 줍니다.

ASSEMBLE

Base	사과 가향홍차 티백 1개
Liquid	바닐라아이스크림 3스쿱(170g), 물 120ml, 얼음 가득
Garnish	사과 슬라이스 4개

RECIPE

a 사과 가향홍차 티백 1개를 티포트에 넣고 끓인 물 120ml에 5분간 강하게 우린다.

b 우린 사과 가향홍차는 다른 찻잔에 담아 상온까지 식힌다.

c 쉐이커에 바닐라아이스크림, 우린 사과 가향홍차 120ml를 넣는다.

d c에 얼음을 가득 채우고 강하게 8-10초 흔든다.

e 잔에 남은 얼음을 넣고 d의 메뉴를 조심히 따른다.

f 사과 슬라이스를 반달모양으로 잘라 잔에 세워 꽂는다.

BLACK TEA + MILK PRODUCTS

BLACK TEA + MILK PRODUCTS

COOL

초코마르코폴로아이스크림소다

아이스크림소다는 '아이스크림 플로트'로도 불리는 메뉴입니다. 1874년 미국 필라델피아에서 개발된 음료로, 마리아주 프레르의 마르코폴로와 잘 맞지요.

ASSEMBLE

Base   마르코폴로 **마리아주 프레르** 1작은술(2g)
Liquid   초코아이스크림 3스쿱(170g), 탄산수 1병(500ml), 물 100ml
Garnish   초코가루 약간

RECIPE

a   마르코폴로 2g을 티포트에 넣고 끓인 물 100ml에 5분간 강하게 우린다.

b   우린 마르코폴로티는 거름망에 걸러 다른 찻잔에 담아 상온까지 식힌다.

c   잔에 초코아이스크림 1스쿱을 넣고 우린 마르코폴로티 80ml를 부어 섞는다.

d   초코아이스크림 2스쿱을 넣고 남은 부분을 탄산수로 채운다.

e   초코가루를 뿌려 장식한다.

COOL

스트로베리밀크티

생 딸기를 넣어 딸기우유 느낌이 나는 밀크티입니다. 딸기 가향홍차를 베이스로 하여 딸기의 부족한 향을 채워줍니다.

ASSEMBLE

Base	딸기 가향홍차 1작은술(2g)
Liquid	우유 120ml, 물 100ml, 얼음 가득
Syrup	딸기 1과1/2개, 시럽 20ml
Garnish	딸기 1/2개

RECIPE

a   딸기 가향홍차 2g을 티포트에 넣고 끓인 물 100ml에 5분간 강하게 우린다.

b   우린 딸기 가향홍차는 거름망에 걸러 다른 찻잔에 담아 상온까지 식힌다.

c   잔에 딸기 1과1/2개와 시럽을 넣고 머들러로 으깬다.

d   식힌 딸기 가향홍차 80ml를 부어 섞는다.

e   얼음을 가득 넣고 남은 부분은 우유로 채운다.

f   딸기 1/2개를 꽂아 장식한다.

BLACK TEA + MILK PRODUCTS

BLACK TEA + MILK PRODUCTS

COOL & HOT

마살라차이마시멜로라떼

마살라차이는 인도를 대표하는 밀크티입니다. 홍차에 우유와 향신료를 넣고 끓이는 메뉴로 클래식한 밀크티에 비해 상당히 진한 맛을 내지요. 오늘은 가볍게 우린 차에 구운 마시멜로를 매칭했습니다.

ASSEMBLE

Base	마살라차이 티백 2개
Liquid	우유 100ml, 물 100ml, COOL 얼음 가득
Syrup	설탕 약간
Garnish	마시멜로 3개

RECIPE

Cool
- a 마살라차이 티백 2개를 티포트에 넣고 끓인 물 100ml에 5분간 강하게 우린다.
- b 우린 마살라차이티는 실온까지 식혀 기호에 맞게 설탕을 넣는다.
- c 우유는 거품기를 이용해 거품을 낸다.
- d 잔에 얼음을 가득 채우고 우린 마살라차이티를 붓는다.
- e c의 포밍우유를 담고 마시멜로를 올려 토치로 굽는다.

Hot
- a 티포트와 잔에 끓인 물을 부어 예열한다.
- b 마살라차이 티백 2개를 예열한 티포트에 넣고 끓인 물 100ml에 5분간 강하게 우린다.
- c 우유는 밀크저그에 담아 전자레인지에서 30초간 데운다.
- d 데운 우유를 거품기로 거품을 낸다.
- e 예열한 잔에 우린 마살라차이티를 붓고 기호에 맞게 설탕을 넣는다.
- f d의 포밍우유를 담고 마시멜로를 올려 토치로 굽는다.

BLACK TEA + MILK PRODUCTS

HOT

원앙차

홍콩을 대표하는 밀크티 중 하나입니다. 홍차에 무가당 연유를 넣는 기본 홍콩 밀크티와 달리 홍차에 커피와 연유를 더해 만들지요. 차와 커피의 어울림이 금슬 좋은 원앙을 닮았다 해서 붙여진 이름입니다.

ASSEMBLE

Base	블랙퍼스트 2작은술(4g)
Liquid	에스프레소 1/2샷(15ml), 우유 60ml, 물 150ml
Syrup	연유 30ml
Garnish	블랙퍼스트 한 꼬집

RECIPE

a   티포트와 잔에 끓인 물을 부어 예열한다.

b   블랙퍼스트 4g을 예열한 티포트에 넣고 끓인 물 150ml에 5분간 강하게 우린다.

c   우유는 밀크저그에 담아 전자레인지에서 20초간 데운다.

d   예열한 잔에 연유와 에스프레소를 넣고 섞는다.

e   우린 블랙퍼스트티를 따르고 데운 우유를 부어 섞는다.

f   블랙퍼스트 한 꼬집을 음료 위에 뿌린다.

BLACK TEA + MILK PRODUCTS

BLACK TEA + MILK PRODUCTS

COOL

베리믹스다즐링밀크티

다즐링티에 믹스베리와 생크림을 넣어 만든 상큼한 밀크티입니다.
색상부터 맛까지 기존의 밀크티와는 사뭇 다르지요. 생크림을 넣어
스무디 느낌도 납니다.

ASSEMBLE

Base	다즐링 1작은술(2g)
Liquid	생크림 30ml, 물 100ml, 얼음 가득
Syrup	냉동 베리믹스 2작은술(20g), 시럽 20ml
Garnish	베리믹스 3알, 애플민트 1줄기

RECIPE

a 다즐링 2g을 티포트에 넣고 끓인 물 100ml에 5분간 강하게 우린다.

b 우린 다즐링티는 거름망에 걸러 다른 찻잔에 담아 상온까지
식힌다.

c 쉐이커에 냉동 베리믹스와 생크림, 시럽을 넣고 머들러로 으깬다.

d c에 식힌 다즐링티 90ml와 얼음을 가득 넣고 강하게 8~10초
흔든다.

e 잔에 남은 얼음을 넣고 d의 메뉴를 거름망으로 걸러 따른다.

f 칵테일 픽에 베리믹스를 꽂아 애플민트 줄기와 함께 장식한다.

COOL

웨딩임페리얼아포카토

아이스크림에 진하게 우린 차를 부어 먹는 티 아포카토 메뉴입니다.
진하게 즐기고 싶다면 웨딩임페리얼에 아쌈차를 블렌딩해 우리세요.
진한 차를 경험할 수 있습니다.

ASSEMBLE

Base	웨딩임페리얼 마리아주 프레르/몰트&초콜릿&카라멜 가향홍차 2작은술(4g)
Liquid	바닐라아이스크림 3스쿱(170g), 물 120ml
Garnish	초콜릿 프레이크 약간

RECIPE

a 웨딩임페리얼 4g을 티포트에 넣고 끓인 물 120ml에 5분간 강하게 우린다.

b 우린 웨딩임페리얼티는 거름망에 걸러 밀크저그에 담는다.

c 아이스크림 볼에 바닐라아이스크림을 올린다.

d 아이스크림 위에 다크초코렛을 제스트로 갈아 만든 초콜릿 프레이크를 뿌린다.

e b를 조금씩 부어 아이스크림을 녹여가며 밀크티를 만들어 먹는다.

BLACK TEA + MILK PRODUCTS

BLACK TEA + MILK PRODUCTS

COOL & HOT

초코얼그레이밀크티 *Starbucks Style*

얼핏 보면 초콜릿 드링크에 얼그레이향이 나는 것 같지만 실은 얼그레이 밀크티에 초콜릿 맛이 나는 음료입니다. 얼그레이의 베르가못향은 초콜릿과 상당히 잘 어울리지요. 차갑게, 뜨겁게 즐겨보세요.

ASSEMBLE

Base	얼그레이 2작은술(4g)
Liquid	우유 100ml, 물 120ml, COOL 얼음 가득
Syrup	초콜릿 소스 20ml, 초코가루 1큰술(3.5g)

RECIPE

Cool　a　얼그레이 4g을 티포트에 넣고 끓인 물 120ml에 5분간 강하게 우린다.

　　　b　잔에 초콜릿 소스와 초코가루를 넣는다.

　　　c　우린 얼그레이티를 거름망에 걸러 1/4 정도 따른 뒤, 초콜릿 소스와 초코가루를 잘 녹인다.

　　　d　남은 얼그레이티는 상온까지 식혔다가 c에 붓고 얼음을 가득 담는다.

　　　e　우유를 조심스럽게 붓는다.

Hot　a　티포트와 잔에 끓인 물을 부어 예열한다.

　　　b　얼그레이 4g을 티포트에 넣고 끓인 물 120ml에 5분간 강하게 우린다.

　　　c　우유는 밀크저그에 부어 전자레인지에서 30초간 데워 거품기로 거품을 낸다.

　　　d　예열한 잔에 초콜릿 소스와 초코가루를 넣고 우린 얼그레이티를 거름망에 걸러 부은 뒤 섞는다.

　　　e　c의 포밍우유를 따른다.

BLACK TEA + SPARKLING WATER

COOL

로즈마리레몬에이드

레몬향과 라임향이 가향된 홍차에 로즈마리향이 섞인 스파클링 음료입니다. 홍차와 어우러진 생 로즈마리의 진한 허브향이 청량감 있는 비주얼만큼이나 프레시합니다.

ASSEMBLE

Base	레몬앤라임티 딜마/레몬&라임 가향홍차 티백 1개
Liquid	탄산음료 스프라이트 100ml, 물 130ml, 얼음 가득
Syrup	시럽 30ml, 레몬즙 15ml, 로즈마리 2줄기
Garnish	레몬 슬라이스 1개

RECIPE

a 레몬앤라임티 티백을 티포트에 넣고 끓인 물 130ml에 5분간 강하게 우린다.

b 우린 레몬앤라임티는 다른 찻잔에 담아 상온까지 식힌다.

c 잔에 시럽과 레몬즙, 로즈마리를 넣고 머들러로 잘 으깬다.

d 얼음을 가득 채우고 탄산음료 100ml를 붓는다.

e 남은 부분을 식힌 레몬앤라임티로 채운다.

f 레몬 슬라이스로 장식한다.

BLACK TEA + SPARKLING WATER

COOL

얼그레이티시럽스파클링티

티시럽을 베이스로 사용한 음료로, 무엇보다 차의 향을 진하게 느낄 수 있는 메뉴입니다. 티시럽은 원하는 차의 향과 맛을 구현할 수 있어 베리에이션 메뉴를 만들 때 좋습니다.

ASSEMBLE

Base+Syrup	얼그레이티시럽 30ml
Liquid	사과주스 30ml, 탄산수 1병(500ml), 얼음 가득
Garnish	애플민트 1줄기

RECIPE

a 잔에 얼그레이티시럽과 사과주스를 넣고 섞는다.

b 얼음을 가득 담는다.

c 남은 부분을 탄산수로 끝까지 채운다.

d 애플민트 줄기를 음료 위에 꽂아 장식한다.

BLACK TEA + SPARKLING WATER

COOL

애플베리에이드

사과와 베리는 여름 음료 재료로 좋습니다. 흔한 가향홍차 중 하나인 사과 가향홍차에 냉동 베리믹스를 더하면 과일향이 물씬 풍기는 색다른 메뉴가 탄생합니다.

ASSEMBLE

Base	사과 가향홍차 티백 2개
Liquid	탄산수 1병(500ml), 얼음 가득
Syrup	시럽 20ml
Garnish	베리믹스 1작은술(10g)

RECIPE

a   사과 가향홍차 티백 2개(5g)를 따뜻한 물에 15초간 적셔 탄산수 병에 넣고 뚜껑을 강하게 닫아 냉장고에서 8~12시간 거꾸로 둔다.

b   잔에 시럽을 넣고 얼음을 잔의 1/2을 채운다.

c   냉동 베리믹스를 넣고 다시 잔의 남은 1/2 부분에 얼음을 채운다.

d   a의 탄산수에 냉침한 사과 가향홍차 200ml를 붓는다.

GREEN TEA + SPARKLING WATER

COOL

트로피컬스파클링블랙티

영국의 대표적인 티 브랜드 트와이닝의 가향홍차에 파인애플주스, 코코넛워터를 섞어 열대느낌을 냈습니다. 트와이닝의 가향홍차는 특히 품질이 우수하기로 유명합니다.

ASSEMBLE

Base   패션푸르트망고오렌지블랙티 트와이닝/열대과일 가향홍차 티백 2개
Liquid 파인애플주스 30ml, 코코넛워터 20ml, 탄산수 1병(500ml), 얼음 가득
Syrup 시럽 15ml
Garnish 오렌지 슬라이스 1개, 레몬 슬라이스 1개

RECIPE

a 패션푸르트망고오렌지블랙티 티백 2개를 따뜻한 물에 15초간 적셔 탄산수 병에 넣고 뚜껑을 강하게 닫아 냉장고에서 8~12시간 거꾸로 둔다.

b 잔에 시럽, 파인애플주스, 코코넛 워터를 넣고 섞는다.

c 얼음을 가득 채우고 a의 탄산수에 냉침한 패션푸르트망고오렌지블랙티 200ml를 잔에 붓는다.

d 오렌지 슬라이스와 레몬 슬라이스로 장식한다.

BLACK TEA + SPARKLING WATER

COOL

애플시나몬에이드

시나몬 가향홍차로 유명한 노엘에 사과맛 소다를 섞어 스파클링티를 만들었습니다. 시판 제품을 베리에이션에 활용하면 음료를 좀 더 쉽게 만들 수 있지요.

ASSEMBLE

Base	노엘 마리아주 프레르/시나몬 가향홍차 1작은술(2g)
Liquid	사과맛 스파클링 음료 트로피카나 사과맛 1병(355ml), 물 100ml, 얼음 가득
Syrup	시럽 15ml
Garnish	사과 슬라이스 2개, 시나몬 스틱 1개

RECIPE

a 노엘 2g을 티포트에 넣고 끓인 물 100ml에 5분간 강하게 우린다.

b 우린 노엘티는 거름망에 걸러 다른 찻잔에 담아 상온까지 식힌다.

c 잔에 시럽과 식힌 노엘티 80ml를 넣고 섞는다.

d 얼음을 가득 담고 남은 부분을 사과맛 스파클링 음료로 채운다.

e 사과 슬라이스와 시나몬 스틱으로 장식한다.

BLACK TEA + SPARKLING WATER

BLACK TEA + SPARKLING WATER

COOL

만다린피치스파클링블랙티 *Starbucks Style*

복숭아 가향홍차와 감귤이 어우러진 스파클링티입니다. 복숭아 가향홍차에 달콤한 감귤주스를 섞어 상큼한 분위기를 살렸습니다.

ASSEMBLE

Base	복숭아 가향홍차 티백 1개
Liquid	100% 감귤주스 45ml, 탄산수 1병(500ml), 물 100ml, 얼음 가득
Syrup	시럽 20ml
Garnish	감귤 알맹이 4개

RECIPE

a   복숭아 가향홍차 티백을 티포트에 넣고 끓인 물 100ml에 5분간 강하게 우린다.

b   우린 복숭아 가향홍차는 다른 찻잔에 담아 상온까지 식힌다.

c   잔에 시럽과 감귤주스를 넣고 섞는다.

d   얼음을 가득 채우고 식힌 복숭아 가향홍차 100ml를 부어 젓는다.

e   남은 부분을 탄산수로 채운다.

f   감귤 알맹이를 얼음 사이에 끼워 장식한다.

BLACK TEA + SPARKLING WATER

BLACK TEA + SPARKLING WATER

COOL

스파클링아이스와인티

포도 주스향을 가진 아이스와인티와 청포도주스로 만든 스파클링티입니다. 아이스와인티는 홍차 중 포도향을 가향한 몇 안 되는 제품이지요. 진한 포도향이 아이스티에 잘 어울립니다.

ASSEMBLE

Base	아이스와인티 믈레즈나/청포도 가향홍차 1작은술(2g)
Liquid	청포도주스 30ml, 탄산음료 스프라이트 100ml, 물 100ml, 얼음 가득
Syrup	시럽 10ml
Garnish	청포도 4알

RECIPE

a 아이스와인티 2g을 티포트에 넣고 끓인 물 100ml에 5분간 강하게 우린다.

b 우린 아이스와인티는 거름망에 걸러 다른 찻잔에 담아 상온까지 식힌다.

c 잔에 시럽과 청포도주스를 넣어 섞는다.

d 얼음을 가득 채우고 탄산음료 100ml를 붓는다.

e 청포도는 반 갈라 얼음 사이사이에 끼운다.

f 식힌 아이스와인티 80ml를 잔 위에 따른다.

147

BLACK TEA + SPARKLING WATER

BLACK TEA + SPARKLING WATER

COOL

랑데부자몽스파클링티

프랑스 티 브랜드인 떼오도르의 랑데부는 자몽과 장미향이 나는 매력적인 홍차입니다. 랑데부에 자몽맛 스파클링 음료를 넣어 진한 자몽향이 느껴집니다.

ASSEMBLE

Base	랑데부 **떼오도르/자몽 가향홍차** 1작은술(2g)
Liquid	자몽맛 스파클링 음료 1병(335ml), 물 100ml, 얼음 가득
Syrup	시럽 15ml
Garnish	자몽 슬라이스 1개, 애플민트 1줄기

RECIPE

a 랑데부 2g을 티포트에 넣고 끓인 물 100ml에 5분간 강하게 우린다.

b 우린 랑데부티는 거름망에 걸러 다른 찻잔에 담아 상온까지 식힌다.

c 잔에 시럽과 식힌 랑데부티 80ml를 넣고 섞는다.

d 얼음을 가득 채우고 남은 부분을 자몽맛 스파클링 음료로 채운다.

e 자몽 슬라이스와 애플민트 줄기로 장식한다.

BLACK TEA + SPARKLING WATER

BLACK TEA + SPARKLING WATER

COOL

스모키오렌지스파클링티

'정산소총'이라고도 불리는 랍상소우총은 스모키향이 나는 차로, 중국 홍차 중 가장 유명하고 특이한 차입니다. 오렌지주스와 스모키한 랍상소우총의 만남이 꽤 매력적입니다.

ASSEMBLE

Base	랍상소우총 2와1/2작은술(5g)
Liquid	100% 오렌지주스 45ml, 탄산수 1병(500ml), 얼음 가득
Syrup	시럽 10ml
Garnish	오렌지 필 1조각

RECIPE

a   랍상소우총 5g을 따뜻한 물에 15초간 적셔 탄산수 병에 넣고 뚜껑을 강하게 닫아 냉장고에서 8~12시간 거꾸로 둔다.

b   잔에 시럽과 오렌지주스를 넣고 섞는다.

c   얼음을 가득 채우고 a의 탄산수에 냉침한 랍상소우총티 200ml을 거름망에 걸러 붓는다.

b   오렌지 필을 비틀어 음료 위에 장식한다.

BLACK TEA + SPARKLING WATER

COOL

스파클링레몬티

레몬청을 이용한 스파클링티 메뉴로, 탄산수에 냉침한 홍차와 어우러진 레몬청이 포인트입니다. 별다른 재료 없이 새콤달콤한 레몬청만으로도 맛나는 음료를 만들 수 있습니다.

ASSEMBLE

Base	실론티 티백 2개
Liquid	탄산수 1병(500ml), 얼음 가득
Syrup	레몬청 30ml
Garnish	레몬 슬라이스 1개

RECIPE

a   실론티 티백 2개(5g)를 따뜻한 물에 15초간 적셔 탄산수 병에 넣고 뚜껑을 강하게 닫아 냉장고에서 8~12시간 거꾸로 둔다.

b   잔에 레몬청을 넣고 얼음을 가득 채운다.

c   a의 탄산수에 냉침한 실론티를 180ml 가득 채운다. 냉침차를 냉동고에 30분 정도 두면 탄산감이 더 많이 살아난다.

d   레몬 슬라이스로 장식한다.

TEA + VARIATION

[허브티 + ∂]
Herbal Tea + Variation

라틴어 '허바(Herba)'에 어원을 둔 허브는 고대국가에서 '향과 약초'라는 의미로 사용하였습니다. 녹차, 홍차와 달리 차나무 잎이 아닌 향과 약성을 가진 잎과 꽃, 과일 등을 말려 우리지요. 허브티는 각각의 캐릭터가 확실해 베리에이션 음료의 베이스로 쓰기에 탁월합니다. 어떤 음료에서든 쉽게 허브의 향을 찾을 수 있습니다.

+ Sparkling Water

+ Juice

+ Milk Products

허브티, 치유를 꿈꾸다

옥스퍼드 영어사전에 따르면 허브는 '잎이나 줄기가 식용과 약용으로 쓰이거나 향과 향미로 이용되는 식물'로 정의됩니다. 약용 식물의 줄기나 잎, 꽃, 열매, 뿌리를 사용하는데 우리가 흔히 알고 있는 허브(민트류, 로즈마리, 타임, 바질 등)는 주로 줄기와 잎을 활용합니다. 그밖에 라벤더, 장미, 자스민플라워, 카모마일, 히비스커스 등은 꽃을, 로즈힙은 열매를 활용하는 대표적인 허브입니다. 이러한 허브를 제품화한 것을 허브 인퓨전이라고도 부릅니다.

생 허브 vs 말린 허브 vs 티젠

허브는 생 허브와 말린 허브로 나뉩니다. 생 허브는 상큼하고 신선한 향이 나는 반면 말린 허브는 농축된 느낌의 향이 강하지요. 음료의 베이스로 사용하기에는 말린 허브가 더 유용합니다. 단일 허브를 블렌딩하여 특색 있는 허브 베이스로 만들기도 하는데, 이런 제품들을 '티젠(Tisane)'이라 부릅니다. 허브와 허브, 허브와 과일, 허브와 향신료 등을 컨셉트에 맞게 블렌딩합니다.

허브티가 만들어지기까지 : 자연건조 vs 인공건조

생 허브, 말린 허브 모두 구입이 가능하지만 가정에서도 직접 허브를 길러 식재료로, 차로 즐길 수 있습니다. 허브를 말릴 때는 자연건조와 건조기를 이용한 인공건조 모두 가능한데, 잎이 약한 허브의 경우 자연건조를 권합니다. 잎이 작은 허브라면 줄기째 씻어 거꾸로 매달라 말리고, 잎이 큰 허브는 잎만 따로 모아 세척 후 물기를 제거해 바구니에 펼쳐 말립니다. 모두 햇볕이 들지 않고 통풍이 잘 되는 곳에서 일주일 정도면 건조하면 충분합니다. 손으로 만졌을 때 부스러지면 완성입니다.

허브티 보관법 : 밀폐용기·그늘

허브 제품들은 다른 차들과 달리 허브향이 날아가지 않도록 지퍼백으로 포장이 되어 판매됩니다. 가정에서 건조시켰다면 밀봉 가능한 지퍼백이나 밀폐용기에 말린 잎을 담아 허브의 향을 보존해야 합니다. 직사광선을 피해 그늘지고 통풍이 잘 되는 곳에서 보관합니다. 햇볕에 노출되면 허브의 성분이 산화되고 온도가 올라가면서 색도 누렇게 변질되기 쉽답니다.

[허브티의 종류 : 대표 8선]

로즈마리
고대 그리스, 이집트에서 성스럽게 취급하던 약초로 강력한 살균력을 가지고 있습니다. 언뜻 솔향이나 숲속의 향 같은 느낌이 들어 상쾌한 음료를 만들 때 활용하기 좋습니다.

페퍼민트
워터민트와 스피아민트를 교배하여 만든 민트입니다. 멘톨 성분 특유의 향으로 호불호가 갈리지만 음료에 청량감을 내고 싶을 때 더없이 좋은 재료입니다.

카모마일
사과향을 가지고 있는 국화과 식물로 '땅에서 자라는 사과'라고도 불립니다. 5000년 전부터 사용해온 약초로 몸을 따뜻하게 해주는 특성이 있어 차로 즐기기 좋습니다.

라벤더
'씻다'라는 뜻의 라틴어에서 유래된 라벤더는 고대 로마사람들이 입욕제로 사용했을 만큼 향이 좋습니다. 말린 꽃부터 에센셜오일까지 다양하게 쓰이지요. 향이 강해 소량만 써도 효과가 높습니다.

히비스커스
붉은색을 띄는 히비스커스는 하와이를 상징하는 꽃으로 상큼한 신맛이 특징입니다. 비타민 C가 풍부해 피로회복, 피부미용, 노화방지, 동맥경화 방지 등에 좋으며 주로 뜨거운 차로 즐깁니다.

로즈힙
들장미 열매인 로즈힙은 레몬의 10배에 달하는 비타민C를 함유하고 있습니다. 비타민C의 흡수를 높이고 싶다면 꿀과 함께 섭취하세요. 특히 히비스커스와 블렌딩하기 좋습니다.

레몬그라스
레몬 향기가 나는 허브로 유명합니다. 레몬의 시트랄 성분을 많이 함유하고 있어 레몬향이 나지요. 발한, 해열, 복통, 피부질환에 효과적입니다.

[맛있는 허브티 우리기 공식 : 2g · 100℃ · 300~400ml · 5분]

허브티 우림의 적정 물 온도 : 끓는 물
허브는 저마다 향이 달라 개성이 강하지만 우리는 방식은 모두 같습니다. 끓인 물에 5분 가량 우리는데, 우릴수록 떫은맛과 쓴맛이 올라오는 녹차, 홍차 등과 달리 오래 우려도 떨어지지 않는 게 특징이지요. 마테를 제외한 대부분의 허브티는 카페인의 영향을 받지 않아 시간의 제한 없이 음용하기 좋습니다.

티백 vs 잎차
허브 티백제품은 들어 있는 허브의 양이 생각만큼 많지 않아 허브의 진한 향을 느끼고 싶다면 한 번에 2개씩 우리는 게 낫습니다. 다만 라벤더처럼 향이 강한 허브라면 티백 1개로도 충분하지요. 잎차 타입의 허브는 2g 기준, 300~400m의 물에서 5분 이상 우립니다. 너무 오래 우리면 허브가 불어 수색이 탁해질 수 있으니 주의하세요.

베리에이션 음료 베이스용 허브티
허브는 각각의 캐릭터가 강해 여러 재료와 베리에이션을 해도 금세 베이스로 쓰인 허브티를 알 수 있습니다. 음료의 베이스용으로 준비할 때는 스트레이트 티로 즐길 때보다 물의 양을 1/3가량 줄여 우립니다. 물 100~150ml에 5분간 우려 진한 허브 베이스를 만들어 사용하세요. 꽃 타입의 허브는 꽃잎이 떨어지지 않도록 티색(다시백)에 넣어 우려 사용하는 게 좋습니다.

[허브티 활용 베리에이션 +]

허브티 + 주스
허브는 과일과 궁합이 아주 좋습니다. 허브티 베이스에 과일주스를 섞으면 향과 맛 모두 풍성해집니다. 히비스커스와 로즈힙처럼 허브와 허브를 블렌딩해도 좋은데 이때는 향이 복잡해지지 않도록 주의해야 합니다.

허브티 + 유제품
허브와 유제품은 평소 자주 시도되지 않는 장르입니다. 하지만 의외로 잘 어울리지요. 우유, 생크림, 아이스크림뿐만 아니라 코코넛밀크, 아몬드밀크와도 맛의 조합이 좋습니다. 허브의 효능으로 속도 편하고, 새로운 맛도 선사합니다.

허브티 + 탄산수
그 종류만큼이나 차를 우렸을 때의 수색도 다양한 허브티는 무색의 탄산수와 매칭하기 좋은 베이스입니다. 허브의 특징에 따라 단맛이 없는 탄산수와 단맛이 가미된 탄산음료를 선택해 다양하게 즐기세요. 탄산수에 냉침해 사용하면 더욱 진한 허브 베이스의 향기와 맛을 낼 수 있습니다.

HERBAL TEA

[허브티와 어울리는 재료 +]

허브는 캐릭터가 강한 재료여서 각각의 허브별로 어울리는 재료들이 존재합니다.
그럼에도 공통적으로 어울리는 허브 음료의 부재료를 꼽아보았습니다.

허브티 + 레몬	레몬은 거의 모든 허브와 어울리는 과일입니다. 허브의 풀향과 꽃향에 상큼함을 더합니다.
+ 라임	라임은 새콤하고 약간 짭짤합니다. 살짝 떫은 뉘앙스도 있어 허브와 궁합이 좋은데, 민트와 라임이 만난 '모히또'가 대표 메뉴입니다.
+ 꿀	특유의 향을 지닌 꿀은 허브 베이스 음료와 만나 향을 더욱 풍성하게 하지요. 라벤더, 민트, 세이지, 타임과 특히 잘 어울립니다.
+ 딸기	달콤하고 새콤한 향이 메뉴를 상큼하게 만듭니다. 로즈마리, 페퍼민트, 라벤더 등의 허브와 궁합이 좋습니다.
+ 얼그레이	홍차에 베르가못 에센스를 입힌 얼그레이는 허브와 잘 어울립니다. 라벤더, 페퍼민트, 카모마일과의 조합을 권합니다.
+ 크림	각종 크림은 식감을 부드럽게 함은 물론 맛을 진하게 만들어줍니다. 허브티에 크림을 더하면 색다른 메뉴를 만들 수 있습니다.
+ 바닐라	특유의 달콤한 향이 허브의 향을 살려줍니다. 라벤더, 페퍼민트, 바질 등과 특히 잘 어울립니다.

HERBAL TEA + JUICE

COOL

청포도카모마일프로즌티 *Starbucks Style*

카모마일티와 청포도를 얼음과 갈아 만든 슬러시입니다. 청포도향이 카모마일향과 잘 어울리지요. 스푼으로 떠먹거나 서서히 녹여 마시는 여름 음료입니다.

ASSEMBLE

Base	카모마일 1작은술(2g), 청포도 10알
Liquid	물 100ml, 각얼음 10개
Syrup	시럽 30ml, 레몬즙 10ml
Garnish	청포도 3알, 페퍼민트 1줄기

RECIPE

a 카모마일티 2g을 티포트에 넣고 끓인 물 100ml에 5분간 강하게 우린다.

b 우린 카모마일티는 거름망에 걸러 다른 찻잔에 담아 상온까지 식힌다.

c 블렌더 용기에 청포도 10알, 시럽, 레몬즙을 넣는다.

d c에 식힌 카모마일티 90ml를 붓는다.

e 각얼음 10개를 넣고 얼음이 완전히 갈릴 때까지 블렌딩한다.

f 잔에 담고 칵테일 픽에 청포도를 꽂아 페퍼민트 줄기와 함께 장식한다.

HERBAL TEA + JUICE

COOL

시트러스파라다이스

레몬향이 나는 레몬그라스에 시트러스 3총사인 오렌지, 자몽, 라임을 넣은 상큼한 메뉴입니다. 주스와 시럽, 즙으로 맛을 냈습니다.

ASSEMBLE

- Base 　　레몬그라스 2g
- Liquid 　오렌지주스 30ml, 물 150ml, 얼음 가득
- Syrup 　 자몽시럽 20ml, 라임즙 10ml
- Garnish 　레몬 슬라이스 1개, 라임 슬라이스 1개

RECIPE

a 레몬그라스 2g을 티포트에 넣고 끓인 물 150ml에 5분간 강하게 우린다.

b 잔에 자몽시럽, 라임즙, 오렌지주스를 넣고 섞는다.

c 얼음을 가득 채우고 우린 레몬그라스티를 거름망에 걸러 붓는다.

d 레몬 슬라이스와 라임 슬라이스로 장식한다.

HERBAL TEA + JUICE

COOL

트로피컬히비스커스

붉고 새콤한 히비스커스에 파인애플주스와 망고주스를 섞어 이국적인 음료로 만들었습니다. 주스와 허브티가 만들어내는 그라데이션도 특별합니다.

ASSEMBLE

Base	히비스커스 1작은술(2g)
Liquid	파인애플주스 30ml, 망고주스 30ml, 물 150ml, 얼음 가득
Syrup	시럽 20ml
Garnish	파인애플 슬라이스 1/4개, 절임체리 1개

RECIPE

a. 히비스커스 2g을 티포트에 넣고 끓인 물 150ml에 5분간 강하게 우린다.

b. 잔에 시럽, 파인애플주스, 망고주스를 넣고 잘 섞는다.

c. 얼음을 가득 채우고 우린 히비스커스티를 거름망에 걸러 조심스럽게 붓는다.

d. 칵테일 픽에 파인애플 슬라이스 1/4개와 절임체리를 꽂아 장식한다.

HERBAL TEA + JUICE

COOL

베리쉐이크프루트티 *Starbucks Style*

베리류 위주의 과일티와 블랙커런트시럽을 이용한 아이스티 메뉴입니다. 과일의 싱그러움을 확실히 즐길 수 있지요. 블루베리라벤더시럽과도 잘 어울립니다.

ASSEMBLE

Base	베리류 과일티 2작은술(4g)
Liquid	물 150ml, 얼음 가득
Syrup	블랙커런트시럽 30ml
Garnish	블루베리 8알, 페퍼민트 1줄기

RECIPE

a 베리류 과일티 4g을 티포트에 넣고 끓인 물 150ml에 10분간 강하게 우린다.

b 잔에 블랙커런트시럽을 넣는다.

c 얼음을 가득 채우고 우린 과일티를 거름망에 걸러 붓는다.

d 블루베리와 페퍼민트 줄기로 장식한다.

HERBAL TEA + JUICE

HOT

진저레몬그라스

레몬그라스 베이스에 생강을 블렌딩한 티젠 제품인 티젠두피지로 만든 따뜻한 메뉴입니다. 레몬청만 추가해도 달콤함과 상큼함이 더해져 맛이 풍부해집니다.

ASSEMBLE

Base	티젠두피지 **다만 프레르/레몬그라스 블렌딩티** 1작은술(2g)
Liquid	물 300ml
Syrup	레몬청 30ml
Garnish	레몬 슬라이스 1개

RECIPE

a 티포트에 티젠두피지 2g을 넣고 끓인 물 300ml에 5분간 우린다.

b 잔에 레몬청을 넣는다.

c 우린 티젠두피지티를 거름망에 걸러 따른다.

d 레몬 슬라이스를 음료 위에 띄워 장식한다.

HERBAL TEA + JUICE

COOL

카모마일애플티

사과향이 감도는 카모마일티는 사과를 이용한 메뉴의 베이스 티로 최고이지요. 지치고 힘든 날 마시면 피로회복은 물론 기분전환에도 좋습니다.

ASSEMBLE

Base	카모마일 1작은술(2g)
Liquid	사과주스 30ml, 물 150ml, 얼음 가득
Syrup	시럽 15ml
Garnish	사과 슬라이스 1개, 타임 3줄기

RECIPE

a   카모마일 2g을 티포트에 넣고 끓인 물 150ml에 5분간 강하게 우린다.

b   잔에 시럽, 사과주스를 넣고 섞는다.

c   얼음을 가득 채우고 우린 카모마일티를 붓는다.

d   사과 슬라이스는 반 잘라 타임 줄기와 함께 장식한다.

HERBAL TEA + JUICE

COOL

베리로즈티

베리의 향이 은은하게 나는 스파이시베리티에 사과주스와 로즈시럽을 더했습니다. 과일향과 장미향의 밸런스를 시원한 아이스티로 즐겨보세요. 장미꽃 한 장을 띄우면 눈도 즐겁습니다.

ASSEMBLE

Base · 스파이시베리티 **딜마/베리 블렌딩티** 티백 1개
Liquid · 사과주스 20ml, 물 150ml, 얼음 가득
Syrup · 로즈시럽 20ml
Garnish · 냉동 베리믹스 1큰술(10g), 장미 꽃잎 1장

RECIPE

a 스파이시베리티 티백 1개를 티포트에 넣고 끓인 물 150ml에 5분간 강하게 우린다.

b 잔에 로즈시럽과 사과주스를 넣고 섞는다.

c 얼음을 반 정도 담고 냉동 베리믹스를 넣는다.

d 나머지 얼음을 채우고 우린 스파이시베리티를 붓는다.

e 장미 꽃잎을 음료 위에 띄워 장식한다.

HERBAL TEA + JUICE

HOT

허브인퓨전핫티 *Starbucks Style*

뜨겁게 우린 허브티에 오렌지와 로즈마리, 민트잎을 넣어 시간이 흐를수록 과일과 생 허브의 향이 우러나오는 음료입니다. 맛의 변화를 느껴보세요.

ASSEMBLE

Base	모든 허브티 1과1/2작은술(3g)
Liquid	물 400ml
Syrup	레몬청 60ml
Garnish	레몬 슬라이스 1개, 오렌지 슬라이스 1개, 애플민트 2줄기, 로즈마리 1줄기

RECIPE

a 허브티 4g을 티포트에 넣고 끓인 물 400ml에 5분간 강하게 우린다.

b 디캔터글라스에 레몬청, 레몬 슬라이스, 오렌지 슬라이스, 애플민트, 로즈마리를 넣는다.

c 우린 허브티를 디캔터글라스에 부어 섞는다.

HERBAL TEA + JUICE

HOT

스파이시바닐라카모마일티

카모마일은 시나몬과 상당히 잘 어울립니다. 다소 강한 카모마일의 향을 시나몬향이 잡아줘 밸런스를 맞춰주지요. 스위트한 바닐라시럽의 향도 느껴보세요.

ASSEMBLE

Base	카모마일 1작은술(2g)
Liquid	물 300ml
Syrup	바닐라시럽 20ml
Garnish	시나몬 스틱 1개

RECIPE

a   티포트에 카모마일 2g을 넣고 끓인 물 300ml에 5분간 강하게 우린다.

b   잔에 바닐라시럽을 넣는다.

c   우린 카모마일티를 거름망에 걸러 붓는다.

d   시나몬 스틱을 꽂아 장식한다.

HERBAL TEA + JUICE

COOL

블루베리라벤더쉐이큰티

스트레스 해소에 좋은 라벤더티와 블루베리로 만든 아이스티 메뉴입니다.
블루베리청이 없다면 블루베리잼으로 대체해도 좋습니다.

ASSEMBLE

Base	라벤더 1/2작은술(1g)
Liquid	물 150ml, 얼음 가득
Syrup	블루베리청 30ml, 시럽 10ml
Garnish	블루베리 7~8알, 레몬 슬라이스 1개

RECIPE

a 라벤더 1g을 티포트에 넣고 끓인 물 150ml에 5분간 강하게 우린다.

b 우린 라벤더티는 거름망에 걸러 다른 찻잔에 담아 상온까지 식힌다.

c 쉐이커에 블루베리청, 시럽, 식힌 라벤더티 120ml를 붓는다.

d c에 얼음을 가득 채우고 강하게 8~10초 흔든다.

e 잔에 얼음을 가득 넣고 블루베리를 얼음 사이사이에 끼운다.

f d의 메뉴를 붓고 레몬 슬라이스로 장식한다.

HERBAL TEA + MILK PRODUCTS

COOL & HOT

라벤더초콜릿

라벤더향이 은은하게 퍼지는 초콜릿드링크 메뉴입니다. 허브로 만든 시럽을 베이스로 해 과정도 간단하지요. 진한 초콜릿향 뒤에 맴도는 라벤더의 향이 특별합니다.

ASSEMBLE

Base	라벤더시럽 15ml
Liquid	우유 250ml, **COOL** 얼음 가득
Syrup	초코소스 30ml, 코코아가루 2큰술(20g)

RECIPE

Cool a 잔에 라벤더시럽과 초코소스, 코코아가루를 넣는다.
      b 약간의 우유를 넣어 섞고 얼음을 가득 넣는다.
      c 남은 우유는 거품기를 이용해 포밍우유를 만든다.
      d b에 포밍우유를 올려 완성한다.

Hot a 우유를 밀크저그에 담아 전자레인지에서 30초간 데운다.
      b 잔에 라벤더시럽과 초코소스, 코코아가루를 넣는다.
      c 약간의 우유를 넣어 잘 섞는다.
      d 남은 우유는 거품기를 이용해 포밍우유를 만든다.
      e c에 포밍우유를 올려 완성한다.

HERBAL TEA + MILK PRODUCTS

COOL

히비스커스로즈라떼 *Starbucks Style*

핑크빛 도는 아이스라떼입니다. 히비스커스티는 우유와 섞으면 신맛 성분으로 우유가 분리되기 쉬운데, 아몬드밀크나 코코넛밀크로 대체하면 분리가 덜하지요. 은은한 핑크톤이 만들어집니다.

ASSEMBLE

Base	히비스커스 1작은술(2g)
Liquid	아몬드밀크 150ml, 물 100ml, 얼음 가득
Syrup	로즈시럽 30ml
Garnish	로즈페탈 1/2작은술(0.3g)

RECIPE

a 히비스커스 2g을 티포트에 넣고 끓인 물 100ml에 5분간 강하게 우린다.

b 우린 히비스커스티는 거름망에 걸러 다른 찻잔에 담아 상온까지 식힌다.

c 잔에 로즈시럽과 아몬드밀크를 넣고 섞는다.

d 얼음을 가득 넣고 식힌 히비스커스티 80ml를 조심스럽게 따른다.

e 로즈페탈을 음료 위에 뿌려 장식한다.

HERBAL TEA + MILK PRODUCTS

HERBAL TEA + MILK PRODUCTS

COOL

망고페퍼민트코코넛스무디

한모금 마셨을 때 휴양지가 떠오르는 여름 음료입니다. 페퍼민트티에
열대과일인 망고와 코코넛으로 맛을 내어 뜨거운 태양과 잘 어울려요.

ASSEMBLE

Base	페퍼민트 1작은술(2g)
Liquid	코코넛밀크 100ml, 물 100ml, 각얼음 8개
Syrup	망고퓨레 30ml
Garnish	페퍼민트 1줄기

RECIPE

a   페퍼민트 2g을 티포트에 넣고 끓인 물 100ml에 5분간 강하게 우린다.

b   우린 페퍼민트티는 거름망에 걸러 다른 찻잔에 담아 상온까지 식힌다.

c   블렌더 용기에 망고퓨레, 코코넛밀크, 각얼음을 넣는다.

d   c에 식힌 페퍼민트티 80ml와 남은 각얼음을 넣어 얼음이 다 갈릴 때까지 블렌딩한다.

e   잔에 완성된 메뉴를 담고 페퍼민트 줄기로 장식한다.

185

HERBAL TEA + MILK PRODUCTS

COOL & HOT

그린카모마일밀크티 *Starbucks Style*

카모마일과 녹차를 매칭한 허브그린 밀크티입니다. 녹차의
단조로움을 풍성한 향의 허브가 커버해주지요. 카모마일 외에 다른
허브로도 만들어보세요.

ASSEMBLE

Base	카모마일 1작은술(2g), 가루녹차 1작은술(2g)
Liquid	우유 100ml, 물 100ml, **COOL** 얼음 가득
Syrup	시럽 15ml

RECIPE

Cool
- a 카모마일 2g을 티포트에 넣고 끓인 물 100ml에 5분간 강하게 우린다.
- b 우린 카모마일티는 거름망에 걸러 다른 찻잔에 담아 상온까지 식힌다.
- c 잔에 가루녹차와 시럽, 우유 1/3을 부어 섞는다.
- d 남은 우유는 거품기를 이용해 포밍우유를 만든다.
- e c에 얼음을 가득 담고 식힌 카모마일티와 포밍우유를 순서대로 붓는다.

Hot
- a 카모마일티 2g을 티포트에 넣고 끓인 물 100ml에 5분간 강하게 우린다.
- b 우유 100ml를 밀크저그에 담아 전자레인지에서 30초간 데운다.
- c 잔에 가루녹차와 시럽, 데운 우유 1/3을 부어 섞는다.
- d 남은 데운 우유는 거품기를 이용해 포밍우유를 만든다.
- e c에 우린 카모마일티와 포밍우유를 순서대로 붓는다.

HERBAL TEA + MILK PRODUCTS

COOL

레드크림티 *A Twosome Place Style*

루이보스티를 베이스로 한 허브 밀크티입니다. '레드티'로도 불리는 루이보스티는 남아프리카에서 자라는 나무를 말려 만든 차입니다. 오늘은 복숭아향을 가미한 레드넥타를 활용했습니다.

ASSEMBLE

Base	레드넥타 **스티븐 스미스 티메이커/루이보스 블렌딩티** 티백 1개
Liquid	물 200ml, 얼음 가득
Syrup	시럽 20ml, 설탕 1작은술(5g)
Garnish	휘핑크림 폼 80ml, 레드넥타 한 꼬집

RECIPE

a   레드넥타 티백 1개를 티포트에 넣고 끓인 물 200ml에 5분간 강하게 우린다.

b   믹싱 볼에 휘핑크림 80ml와 설탕 1작은술을 넣고 되직해지도록 휘핑한다.

c   잔에 시럽을 넣고 얼음을 가득 담는다.

d   우린 레드넥타티를 붓고 b의 휘핑크림을 올린다.

e   취향에 따라 레드넥타 한 꼬집을 뿌려 장식한다.

HERBAL TEA + MILK PRODUCTS

HERBAL TEA + MILK PRODUCTS

HOT

카모마일라떼

카모마일티에 우유를 넣은 부드러운 허브 밀크티입니다. 시나몬과 꿀로 맛을 내고, 약간의 강황가루를 추가해 스파이시향을 더했습니다.

ASSEMBLE

Base	카모마일 2g
Liquid	우유 100ml, 물 100ml
Syrup	꿀 20ml, 강황가루 1/4작은술(1g), 시나몬가루 한 꼬집
Garnish	카모마일 한 꼬집

RECIPE

a 카모마일 2g을 티포트에 넣고 끓인 물 100ml에 5분간 강하게 우린다.

b 우유 100ml를 밀크저그에 담아 전자레인지에서 30초간 데운다.

c 데운 우유는 거품기를 이용해 포밍우유로 만든다.

d 잔에 우린 카모마일티와 꿀, 강황가루, 시나몬가루를 넣고 섞는다.

e 포밍우유를 따르고 카모마일 한 꼬집을 거품 위에 올려 장식한다.

HERBAL TEA + MILK PRODUCTS

COOL

블루베리히비스커스밀크 *Starbucks Style*

블루베리와 히비스커스, 아몬드밀크로 만든 파스텔톤의 보랏빛 음료입니다. 음료 베이스를 2가지로 만들어 마지막에 합치는 특별한 방식으로 만들지요.

ASSEMBLE

Base	빅히비스커스 **스티븐 스미스 티메이커/히비스커스 블렌딩티** 티백 1개
Liquid	아몬드밀크 150ml, 물 70ml, 얼음 가득
Syrup	시럽 20ml
Garnish	냉동 블루베리 2큰술(20g)

RECIPE

a 빅히비스커스 티백을 티포트에 넣고 끓인 물 70ml에 5분간 강하게 우린다.

b 우린 빅히비스커스티는 다른 찻잔에 담아 상온까지 식힌다.

c 잔에 냉동 블루베리와 시럽, 아몬드밀크 100ml를 넣고 보라색이 날 때까지 잘 젓는다.

d 쉐이커에 아몬드밀크 50ml와 식힌 빅히비스커스티 50ml, 얼음을 넣고 강하게 8~10초간 흔든다.

e c에 얼음을 채우고 d의 메뉴를 조심스럽게 붓는다.

HERBAL TEA + MILK PRODUCTS

HOT

허니라벤더밀크

라벤더를 이용한 허브 밀크티입니다. 라벤더향이 진하게 나는 밀크티로 잠자기 전에 마시기 좋은 메뉴지요. 라벤더의 진정 작용이 몸과 마음을 편하게 만들어줍니다.

ASSEMBLE

Base	라벤더 1작은술(1g)
Liquid	우유 250ml, 물 100ml
Syrup	꿀 20ml
Garnish	라벤더 한 꼬집

RECIPE

a 라벤더 1g을 티포트에 넣고 끓인 물 100ml에 5분간 강하게 우린다.

b 우유 250ml를 밀크저그에 담아 전자레인지에서 30초간 데운다.

c 데운 우유는 거품기를 이용해 포밍우유로 만든다.

d 잔에 꿀과 우린 라벤더티를 넣고 섞는다.

e 포밍우유를 따르고 그 위에 라벤더 한 꼬집을 올려 장식한다.

HERBAL TEA + MILK PRODUCTS

COOL

로즈마리스트로베리쉐이크

고대 유대인, 그리스인, 이집트인이 성스럽게 여긴 약초 로즈마리로 시럽을 만들어 베이스로 사용했습니다. 딸기퓨레, 바닐라아이스크림을 추가해 쉐이크를 완성합니다.

ASSEMBLE

Base	로즈마리시럽 15ml, 딸기퓨레 15ml
Liquid	우유 100ml
Syrup	바닐라아이스크림 4스쿱(220g)
Garnish	딸기 1개, 로즈마리 2줄기

RECIPE

a 블렌더 용기에 가니시용 딸기와 로즈마리를 제외한 모든 재료를 넣고 블렌딩한다.

b 쉐이크가 부드러워지면 잔에 따른다.

c 딸기 중앙에 살짝 칼집을 넣어 잔에 꽂는다.

d 로즈마리 줄기도 장식한다.

HERBAL TEA + MILK PRODUCTS

HERBAL TEA + MILK PRODUCTS

COOL & HOT

민트초코라떼

매력적인 페퍼민트향과 초콜릿의 달콤함이 묘하게 어울리는 카페 메뉴입니다. 스트레스가 쌓인 날 적극 추천합니다. 뜨거운 티로, 시원한 라떼로 즐겨보세요.

ASSEMBLE

Base	페퍼민트 2g
Liquid	우유 120ml, 물 100ml, COOL 얼음 가득
Syrup	초코소스 30ml , 코코아가루 2큰술(20g)
Garnish	코코아가루 한 꼬집

RECIPE

Cool
- a 페퍼민트 2g을 티포트에 넣고 끓인 물 100ml에 5분간 강하게 우린다.
- b 우린 페퍼민트티는 거름망에 걸러 다른 찻잔에 담아 상온까지 식힌다.
- c 잔에 초코소스, 코코아가루, 데운 우유 1/3을 넣어 섞는다.
- d 남은 우유는 거품기를 이용해 포밍우유를 만든다.
- e c에 얼음을 가득 채우고 식힌 페퍼민트티 80ml과 포밍우유를 붓는다.

Hot
- a 페퍼민트 2g을 티포트에 넣고 끓인 물 100ml에 5분간 강하게 우린다.
- b 우유 120ml를 밀크저그에 담아 전자레인지에서 30초간 데운다.
- c 잔에 초코소스, 코코아가루, 데운 우유 1/3을 넣고 섞는다.
- d 남은 데운 우유는 거품기를 이용해 포밍우유를 만든다.
- e c에 우린 페퍼민트티 80ml와 포밍우유를 순서대로 붓는다.

HERBAL TEA + SPARKLING WATER

COOL

로즈힙앤히비스커스레몬에이드

로즈힙과 히비스커스가 블렌딩된 허브티를 베이스로 만든 레모네이드입니다. 들장미 열매인 로즈힙은 히비스커스와 찰떡궁합이지요. 컬러 그라이데이션이 아주 멋진 음료입니다.

ASSEMBLE

Base	로즈힙앤히비스커스 **딜마/로즈힙 블렌딩티** 1작은술(2g)
Liquid	탄산음료 **스프라이트** 1병(250ml), 물 100ml, 얼음 가득
Syrup	시럽 30ml, 레몬즙 20ml
Garnish	레몬 슬라이스 1개

RECIPE

a 로즈힙앤히비스커스 2g을 티포트에 넣고 끓인 물 100ml에 5분간 강하게 우린다.

b 우린 로즈힙앤히비스커스티는 거름망에 걸러 다른 찻잔에 담아 상온까지 식힌다.

c 잔에 시럽과 레몬즙을 넣는다.

d 얼음을 가득 넣고 탄산음료를 잔의 2/3까지 채운다.

e 식힌 로즈힙앤히비스커스티 80ml를 붓는다.

f 레몬 슬라이스로 장식한다.

HERBAL TEA + SPARKLING WATER

유자레몬그라스에이드

COOL

말린 허브 대신 생 레몬그라스를 넣어 향과 맛이 뛰어난 음료입니다. 시럽으로 선택한 유자청의 상큼하고 달콤한 향기가 레몬그라스의 레몬향과 어우러집니다.

ASSEMBLE

- Base: 레몬그라스 1개
- Liquid: 탄산음료 **스프라이트** 1병(250ml), 얼음 가득
- Syrup: 유자청 30ml
- Garnish: 레몬그라스 1개

RECIPE

a. 레몬그라스 1개를 3등분해 준비한다.
b. 잔에 유차청과 레몬그라스를 넣고 머들러로 강하게 으깬다.
c. 얼음을 가득 채우고 탄산음료를 반쯤 붓고 섞는다.
d. 남은 부분을 탄산음료로 채운다.
e. 레몬그라스를 잔에 꽂아 장식한다.

HERBAL TEA + SPARKLING WATER

COOL

카모마일모히또

카모마일티 베이스의 모히또 메뉴입니다. 럼, 라임, 설탕, 민트, 탄산수로 만드는 모히또는 쿠바를 대표하는 칵테일이지요. 럼 대신 카모마일티로 무알코올 버전을 만들었습니다.

ASSEMBLE

Base	카모마일 1작은술(2g), 라임 1/2개, 애플민트잎 7~8장
Liquid	탄산수 1병(500ml), 물 100ml, 얼음 가득
Syrup	시럽 20ml
Garnish	라임 슬라이스 1개

RECIPE

a 카모마일 2g을 티포트에 넣고 끓인 물 100ml에 5분간 강하게 우린다.

b 우린 카모마일티는 거름망에 걸러 다른 찻잔에 담아 상온까지 식힌다.

c 잔에 라임 1/2개를 4등분해 넣고 시럽과 애플민트잎을 넣은 뒤 머들러로 으깬다.

d 우린 카모마일티 80ml를 붓는다.

e 얼음을 가득 넣고 남은 부분을 탄산수로 채운다.

f 라임 슬라이스 한쪽에 칼집을 넣어 잔에 끼워 장식한다.

HERBAL TEA + SPARKLING WATER

COOL

키위민트에이드

페퍼민트와 키위를 매칭한 에이드입니다. 기존 에이드와 달리 시럽 없이 키위에서 우러나오는 향과 맛을 즐기는 것이 포인트이지요. 단맛을 배제한 깔끔한 맛을 즐길 수 있습니다.

ASSEMBLE

Base	페퍼민트 1작은술(2g)
Liquid	탄산수 1병(500ml), 물 100ml, 얼음 가득
Garnish	키위 슬라이스 5개, 애플민트잎 7장

RECIPE

a. 페퍼민트 2g을 티포트에 넣고 끓인 물 100ml에 5분간 강하게 우린다.

b. 우린 페퍼민트티는 거름망에 걸러 다른 찻잔에 담아 상온까지 식힌다.

c. 잔에 식힌 페퍼민트티 80ml를 넣고 얼음을 가득 채운다.

d. 얼음 사이사이에 손질한 키위 슬라이스 5개와 애플민트잎 7장을 끼운다.

e. 남은 부분을 탄산수로 채운다.

HERBAL TEA + SPARKLING WATER

COOL

진저앤라임히비스커스에이드

히비스커스티와 라임, 생강시럽을 매칭한 스파클링티입니다. 가니시로 선택한 라임이 생강의 매운 향과 맛을 조율해줍니다.

ASSEMBLE

Base	히비스커스 1작은술(2g)
Liquid	탄산수 1병(500ml), 물 100ml, 얼음 가득
Syrup	생강시럽 15ml, 라임즙 5ml
Garnish	라임 슬라이스 1개

RECIPE

a 히비스커스 2g을 티포트에 넣고 끓인 물 100ml에 5분간 강하게 우린다.

b 우린 히비스커스티는 거름망에 걸러 다른 찻잔에 담아 상온까지 식힌다.

c 잔에 생강시럽과 라임즙, 식힌 히비스커스티 80ml를 부어 섞는다.

d 얼음을 가득 넣고 남은 부분을 탄산수로 채운다.

e 라임 슬라이스 한쪽에 칼집을 넣어 잔에 끼워 장식한다.

HERBAL TEA + SPARKLING WATER

COOL

애플타임에이드

백리향이라고도 불리는 타임은 요리뿐 아니라 음료에서도 광범위하게 쓰이는 재료입니다. 강한 향이 프레시한 사과와 잘 어울리지요. 상큼하면서도 풋풋한 향이 나는 메뉴가 완성됩니다.

ASSEMBLE

- Base 타임 1작은술(1g)
- Liquid 사과주스 30ml, 탄산수 1병(500ml), 물 100ml, 얼음 가득
- Syrup 시럽 15ml
- Garnish 사과 슬라이스 1개, 타임 4줄기

RECIPE

a 타임 1g을 티포트에 넣고 끓인 물 100ml에 5분간 강하게 우린다.

b 우린 타임티는 거름망에 걸러 다른 찻잔에 담아 상온까지 식힌다.

c 잔에 시럽과 사과주스를 넣어 섞는다.

d 식힌 타임티 80ml를 붓고 얼음을 가득 채운다.

e 남은 부분을 탄산수로 채운다.

f 사과 슬라이스를 잔 벽면에 붙이고 타임 줄기로 장식한다.

COOL

베리민트에이드

페퍼민트티에 블루베리청을 넣어 맛을 낸 음료입니다. 블루베리의 맛과 향이 입안을 채우고 나면 뒤이어 페퍼민트의 청량감이 밀려옵니다.

ASSEMBLE

Base	페퍼민트 2g
Liquid	탄산음료 스프라이트 1병(250ml), 물 100ml, 얼음 가득
Syrup	블루베리청 20ml
Garnish	블루베리 8알, 애플민트 1줄기

RECIPE

a 페퍼민트 2g을 티포트에 넣고 끓인 물 100ml에 5분간 강하게 우린다.

b 우린 페퍼민트티는 거름망에 걸러 다른 찻잔에 담아 상온까지 식힌다.

c 잔에 블루베리청을 넣고 얼음을 가득 채운다.

d 식힌 페퍼민트티 80ml를 붓고 블루베리를 넣는다.

e 남은 부분을 탄산음료로 채우고 애플민트 줄기로 장식한다.

HERBAL TEA + SPARKLING WATER

HERBAL TEA + SPARKLING WATER

COOL

카모마일 오렌지에이드 *Starbucks Style*

카모마일의 꽃향과 오렌지주스가 어우러진 프레시한 메뉴입니다. 심플한 재료만으로도 페어링과 밸런스를 맞추면 맛있는 음료를 만들 수 있지요. 다른 허브로도 도전해보세요.

ASSEMBLE

- Base   카모마일 1작은술(2g)
- Liquid   100% 오렌지주스 40ml, 탄산수 1병(500ml), 물 100ml, 얼음 가득
- Syrup   시럽 15ml
- Garnish   오렌지 슬라이스 1개, 애플민트 1줄기

RECIPE

a   카모마일 2g을 티포트에 넣고 끓인 물 100ml에 5분간 강하게 우린다.

b   우린 카모마일티는 거름망에 걸러 다른 찻잔에 담아 상온까지 식힌다.

c   잔에 시럽, 오렌지주스를 넣고 섞는다.

d   식힌 카모마일티 80ml를 붓고 얼음을 가득 넣는다.

e   남은 부분을 탄산수로 채운다.

f   오렌지 슬라이스와 애플민트 줄기로 장식한다.

HERBAL TEA + SPARKLING WATER

216

COOL

라벤더민트에이드

페퍼민트티에 라벤더시럽과 사과주스를 매칭한 허브 에이드입니다. 강한 페퍼민트향에 이어 은은하게 감도는 라벤더와 사과향을 입안에 남습니다.

ASSEMBLE

Base	페퍼민트 1작은술(2g)
Liquid	사과주스 30ml, 탄산수 1병(500ml), 물 100ml, 얼음 가득
Syrup	라벤더시럽 15ml
Garnish	페퍼민트 1줄기

RECIPE

a. 페퍼민트 2g을 티포트에 넣고 끓인 물 100ml에 5분간 강하게 우린다.

b. 우린 페퍼민트티는 거름망에 걸러 다른 찻잔에 담아 상온까지 식힌다.

c. 잔에 라벤더시럽과 사과주스, 식힌 페퍼민트티 80ml를 넣고 섞는다.

d. 얼음을 가득 넣고 남은 부분을 탄산수로 채운다.

e. 페퍼민트 줄기를 얼음과 잔 사이에 꽂아 장식한다.

HERBAL TEA + SPARKLING WATER

COOL

레몬그라스바닐라에이드

레몬향과 바닐라향이 감도는 에이드입니다. 달달한 바닐라시럽과 새콤달콤함 레몬청이 음료에 맛을 풍성하게 만들어줍니다.

ASSEMBLE

Base	레몬그라스 1작은술(2g)
Liquid	탄산수 1병(500ml), 물 100ml, 얼음 가득
Syrup	바닐라시럽 10ml, 레몬청 20ml
Garnish	레몬 슬라이스 1개

RECIPE

a   레몬그라스 2g을 티포트에 넣고 끓인 물 100ml에 5분간 강하게 우린다.

b   우린 레몬그라스티는 거름망에 걸러 다른 찻잔에 담아 상온까지 식힌다.

c   잔에 바닐라시럽과 레몬청을 넣고 식힌 레몬그라스티 80ml를 부어 섞는다.

d   얼음을 가득 넣고 남은 부분을 탄산수로 채운다.

e   레몬 슬라이스로 장식한다.

TEA + SYRUP

로즈마리시럽

블루베리라벤더시럽

생강시럽

[베리에이션 티의 핵심 조미료]
Make a Syrup 11

딸기시럽

얼그레이티시럽

바닐라시럽

MAKE A SYRUP 11

01
FRUIT SYRUP

자몽시럽 *250ml / 냉장보관 2주*

맛있는 자몽시럽의 핵심은 자몽향 유지에 있습니다. 자몽향은 주스가 아닌 껍질의 오일성분에서 나오므로 자몽 제스트를 같이 넣어줍니다.

[자몽 2개, 설탕 1컵, 레몬즙 20ml]

a 자몽은 제스터를 이용해 제스트만 따로 모아둔다.
b 자몽 과육을 주서기에 넣어 즙을 받아 소스 팬에 담는다.
c 소스 팬은 센 불에 올려 설탕과 레몬즙을 넣고 끓인다.
d 설탕이 녹으면 불을 끄고 a의 자몽 제스트를 섞어 하루 동안 실온에 둔다.
e 다음날 제스트를 거름망에 걸러 시럽만 받는다. 소독한 용기에 담아 냉장보관한다.

활용 메뉴	
COOL 시트러스파라다이스	
COOL 랑데부자몽스파클링티	» 응용 메뉴
COOL 자스민오렌지그린티	» 응용 메뉴
HOT 유자핫그린티	» 응용 메뉴
COOL HOT 허니자몽블랙티	» 응용 메뉴

a
b
c
d
e

TEA + SYRUP

02 FRUIT SYRUP

사과시럽 *300ml* / 냉장보관 2주

여느 과즙과 달리 색이 탁한 사과주스는 시판 주스를 이용해 시럽을 만듭니다.
아이스티처럼 투명한 음료를 만들 때는 시럽도 그에 맞춰 준비하세요.

[100% 사과주스 200ml, 설탕 50g]

a   사과주스는 소스 팬에 부어 불에 올린다.
b   부르르 끓어오르면 설탕을 넣는다.
c   b의 설탕이 완전히 녹을 때까지 센 불로 끓인다.
d   설탕이 녹으면 불을 줄여 원하는 점도가 될 때까지 끓인다.
e   완성된 시럽은 실온에서 2시간 이상 식혔다가 소독한 병에 담아 냉장보관한다.

활용 메뉴		
HOT	로즈마리애플핫그린티	
COOL	로즈마리스트로베리쉐이크	
COOL	시나몬애플티에이드	≫ 응용 메뉴
COOL	애플베리에이드	≫ 응용 메뉴
COOL	애플시나몬에이드	≫ 응용 메뉴
COOL	애플타임에이드	≫ 응용 메뉴
COOL	카모마일애플티	≫ 응용 메뉴

a    b    c    d    e

03
FRUIT SYRUP

블루베리라벤더시럽 *300ml / 냉장보관 2주*

블루베리와 라벤더의 향이 절묘하게 섞인 시럽입니다. 색다른 음료를
만들기에 더없이 좋은 시럽이지요. 냉동 블루베리를 사용하면 색과 향이
더욱 살아납니다.

[드라이 라벤더 플라워 1작은술, 블루베리 1컵(250g), 설탕 200g, 물 200ml]

a 소스 팬에 드라이 라벤더 플라워와 블루베리를 넣는다.
b a에 끓인 물을 부어 실온에서 5분간 우린다.
c 소스 팬을 불에 올려 센 불에서 가열한다.
d 블루베리라벤더티가 끓으면 설탕을 넣고 5분간 더 끓인다.
e 설탕이 완전히 녹으면 불을 끄고 실온에서 2시간 이상 식힌다.
   거름망에 걸러 소독한 용기에 담아 냉장보관한다.

활용 메뉴	COOL 블루베리라벤더스프릿츠
	COOL 블루베리라벤더쉐이큰티 > 응용 메뉴
	COOL 블루베리망고아이스티 > 응용 메뉴
	COOL 블루베리홍초그린티 > 응용 메뉴
	COOL 블루베리히비스커스밀크티 > 응용 메뉴

a
b
c
d
e

TEA + SYRUP

딸기시럽 *300ml* / 냉장보관 2주

04
FRUIT SYRUP

딸기는 향이 강해 시럽용으로 적당한 과일이지요. 생 딸기의 향을
원한다면 먼저 심플시럽을 만든 뒤에 생 딸기를 넣어 딸기의 맛과 향을
시럽에 인퓨징시키세요.

[슬라이스 딸기 1과1/2컵(450g), 설탕 200g, 물 200ml]

a   소스 팬에 슬라이스한 딸기와 물을 넣고 불에 올린다.
b   딸기의 과육색이 거의 없어질 때까지 센 불에서 끓인다.
c   딸기의 색이 충분히 빠지면 설탕을 넣고 더 끓인다.
d   설탕이 완전히 녹으면 약한 불로 낮춰 5분간 끓인 뒤 불을 끈다.
e   완성된 시럽은 실온에서 2시간 이상 식혔다가 거름망에 걸러낸다.
     소독한 용기에 담아 냉장보관한다.

활용 메뉴	
COOL	스트로베리그린티에이드
COOL	그린티상그리아 » 응용 메뉴
COOL	베리로즈티 » 응용 메뉴
COOL	스트로베리밀크티 » 응용 메뉴
COOL HOT	피치스윗티 » 응용 메뉴
COOL	스트로베리퓨레아이스티 » 응용 메뉴

a

b

c

d

e

05 FRUIT SYRUP

블랙커런트시럽 *300ml / 냉장보관 2주*

냉동 블랙커런트로 만드는 시럽입니다. 베리류와 비슷하지만 더 달고 상큼한 향이 나지요. 약간의 레몬즙을 더하면 블랙커런트의 특징이 더욱 잘 살아납니다.

[냉동 블랙커런트 1컵(250g), 설탕 200g, 레몬즙 20ml, 물 200ml]

a 소스 팬에 냉동 블랙커런트와 물을 넣는다.
b 블랙커런트 색이 진하게 우러나올 때까지 센 불로 가열한다.
c 색이 나오면 중간 불로 줄이고 설탕 200g을 넣는다.
d 설탕이 완전히 녹으면 불을 끄고 레몬즙을 넣는다.
e 완성된 시럽은 실온에서 2시간 이상 식혔다가 소독한 용기에 담아 냉장보관한다.

활용 메뉴	
COOL	베리쉐이크프루트티
COOL	베리믹스다즐링밀크티 > 응용 메뉴
COOL	베리민트아이스티 > 응용 메뉴
COOL	베리홍초그린티 > 응용 메뉴
COOL	블루베리히비스커스밀크티 > 응용 메뉴
COOL	애플베리에이드 > 응용 메뉴

a   b   c   d   e

01 HERB SYRUP

로즈마리시럽 *300ml / 냉장보관 2주*

로즈마리는 가열하면 허브향은 날아가고 익힌 채소향만 남기 쉽습니다. 완성된 시럽에 생 로즈마리를 넣어 향을 착향시켜주세요. 대부분의 허브시럽은 마지막에 넣어야 향이 남아요.

[로즈마리 4줄기, 설탕 200g, 물 200ml]

a 소스 팬에 로즈마리 2줄기와 설탕, 물을 넣고 끓인다.
b 설탕이 다 녹을 때까지 센 불에서 끓인다.
c 불을 끄고 로즈마리를 체에 밭쳐 건진다.
d 남은 로즈마리 2줄기를 넣고 실온에서 2시간 이상 식힌다.
e 거름망에 걸러 소독한 용기에 담아 냉장보관한다.

활용 메뉴		
COOL	로즈마리스트로베리쉐이크	
COOL	로즈마리레몬에이드	≫ 응용 메뉴
HOT	로즈마리애플핫그린티	≫ 응용 메뉴
COOL	리치큐컴버그린티에이드	≫ 응용 메뉴
COOL	스파클링레몬티	≫ 응용 메뉴

a  b  c  d

02
HERB SYRUP

라벤더시럽 *300ml* / 냉장보관 2주

시판 라벤더시럽의 향이 약하게 느껴진다면 직접 만들어 사용해보세요. 향이 강한 라벤더를 우려 시럽을 만들면 명확하고 진한 향을 얻을 수 있습니다.

[라벤더 플라워 1작은술(2g), 설탕 200g, 물 200ml]

a 소스 팬에 물을 부어 끓인 뒤 불을 끈다.
b 불에서 내린 소스 팬에 라벤더 플라워를 넣고 5분간 우린다.
c b에 설탕을 넣고 불에 올려 다시 끓인다.
d 설탕이 완전히 녹으면 5분간 약한 불에서 끓인다.
e 완성된 시럽은 실온에서 2시간 가량 식혔다가 거름망에 걸러 소독한 용기에 담아 냉장보관한다.

활용 메뉴	
COOL HOT	런던포그
COOL HOT	라벤더초콜릿
COOL	라벤더민트에이드
COOL	스트로베리퓨레아이스티 》 응용 메뉴
COOL	얼그레이티시럽스파클링티 》 응용 메뉴

a
b
c
d
e

01 AROMA SYRUP

바닐라시럽 *300ml* / 냉장보관 2주

바닐라, 설탕, 물만 있으면 간단히 만들 수 있지요. 완성된 시럽에 바닐라 빈을 너무 오랫동안 넣어두면 향이 강해져 역효과가 날 수 있으니 주의하세요.

[바닐라 빈 1개, 설탕 200g, 물 200ml]

a 소스 팬에 설탕과 물을 넣고 센 불에서 끓인다.
b 설탕이 모두 녹으면 약한 불로 줄여 5분간 더 끓인다.
c 바닐라 빈을 반으로 갈라 바닐라 씨를 꺼낸다.
d b에 바닐라 빈과 씨를 넣고 실온에서 2시간 이상 식힌다.
e 소독한 병에 식힌 바닐라 빈과 씨를 같이 담아 3일 숙성 후 씨만 걸러내 냉장보관한다.

활용 메뉴	
COOL	블루베리망고아이스티
COOL	레몬그라스바닐라에이드
HOT	스파이시바닐라카모마일티
COOL	레몬그라스바닐라에이드
COOL	레드크림티 ▶ 응용 메뉴
HOT	비건그린밀크티 ▶ 응용 메뉴

a
b
c
d
e

MAKE A SYRUP 11

02
AROMA SYRUP

생강시럽 *300ml* / 냉장보관 2주

생강시럽은 재료로 넣는 생강의 크기에 따라 시럽의 맛도 조금씩 달라집니다. 생강을 크게 잘라 넣으면 맛이 연해지고, 다지거나 강판에 갈아 넣으면 맛과 향이 진해집니다. 그만큼 매운맛도 강해지니 주의하세요.

[생강 250g, 설탕 200g, 물 600ml]

a 생강을 깨끗이 씻어 껍질째 얇게 슬라이스한다.
b 슬라이스한 생강을 칼이나 푸드 프로세서를 이용해 다진다.
c 소스 팬에 다진 생강과 물을 넣고 센 불에 팔팔 끓인 뒤 약한 불로 줄여 45~50분 우린다.
d c에 설탕을 넣고 설탕이 녹을 때까지 센 불에서 끓인다.
e 설탕이 다 녹으면 불을 끄고 실온에서 2시간 이상 식혔다가 거름망에 걸러 소독한 용기에 담아 냉장보관한다.

활용 메뉴	
COOL	진저레몬그린티에이드
COOL	진저앤라임히비스커스에이드
HOT	허니인디언그린밀크티 » 응용 메뉴
COOL	트로피컬그린티 » 응용 메뉴

a
b
c
d
e

얼그레이티시럽 *300ml* / 냉장보관 2주

다양한 활용이 가능한 시럽으로 우유에 넣으면 바로 얼그레이밀크티가 완성됩니다. 진한 향을 원한다면 차의 양을 늘려주세요. 오랫동안 우리면 자칫 떫은맛이 날 수 있으니 꼭 차를 걸러 사용하세요.

[얼그레이 2큰술(12g), 설탕 200g, 물 200ml]

a 소스 팬에 물을 넣고 끓인다.
b 불을 끄고 얼그레이 1큰술(6g)을 넣고 5분간 우린다.
c b의 우린 얼그레이티를 거름망으로 걸러낸다.
d 우린 얼그레이티에 설탕을 넣고 설탕이 녹을 때까지 끓였다가 불을 줄여 5분 더 끓인다.
e 소스 팬을 불에서 내려 남은 얼그레이 1큰술(6g)을 다시 넣고 상온에서 2시간 이상 식힌다. 거름망에 걸러 소독한 용기에 담아 냉장보관한다.

활용 메뉴		
COOL	얼그레이티시럽스파클링티	
COOL	얼그레이레몬슬러시티	≫ 응용 메뉴
COOL	치즈크림블랙티	≫ 응용 메뉴
HOT	허니라벤더밀크티	≫ 응용 메뉴

03 AROMA SYRUP

a
b
c
d
e

04
AROMA SYRUP

헤이즐넛시럽 *300ml / 냉장보관 2주*

헤이즐넛은 너무 잘게 분쇄하기보다는 자잘한 크기로 분쇄해 시럽을 만드는 것이 좋습니다. 기름이 많이 묻어나면 종이 소재의 커피 필터로 기름기를 제거한 뒤 사용하세요.

[헤이즐넛 1컵(120g), 설탕 150g, 꿀 50ml, 물 200ml]

a 헤이즐넛 1컵을 프라이팬에 고소한 향이 나도록 살짝 볶는다.
b 볶은 헤이즐넛을 식혀 적당한 크기로 분쇄한다.
c 분쇄한 헤이즐넛과 설탕, 물, 꿀을 준비한다.
d 소스 팬에 c를 넣고 센 불로 끓인다.
e 설탕이 다 녹으면 불을 약한 불로 줄여 5분간 더 끓인 뒤 3시간 이상 식힌다. 거름망에 걸러 소독한 용기에 담아 냉장보관한다.

활용 메뉴	
COOL	겐마이차에이드
COOL	코코넛파인애플그린티 ▶ 응용 메뉴
COOL	그린티아보카도라씨 ▶ 응용 메뉴
HOT	비건그린밀크티 ▶ 응용 메뉴
COOL HOT	그린카모마일밀크티 ▶ 응용 메뉴

a
b
c
d
e

INDEX

TEA BRAND

A

안젤리나 *Angelina*

1903년 오스트리아 출신의 파티셰가 설립한 프랑스 파리의 유명한 티룸(살롱 드 떼)이다. 푸딩 같은 핫 초콜릿(쇼콜라쇼)과 디저트인 몽블랑으로 유명해지기 시작해 다양한 디저트와 홍차로 인기를 모으고 있다. 국내에도 정식 수입되어 판매 중.

대표 TEA N°266 초콜릿향 홍차 · 몽블랑

D

다만 프레르 *Damman Freres*

1925년 다만 형제가 런칭한 프랑스 티 브랜드로, 1950년 출시한 코트 루쓰, 자뎅블루 등의 가향홍차로 유명해지기 시작했다. 홍차와 백차, 우롱차, 허브 인퓨전 등 세계 곳곳의 차를 블렌딩해 선보이고 있다. 국내에도 정식 티 부티크가 오픈했다.

대표 TEA 고트 루쓰 · 자뎅블루 · 폴베르지니 · 폼다무르

딜마 *Dilmah*

스리랑카를 대표하는 티 브랜드로 1974년에 설립, 이후 호주의 자본이 투입되어 지금의 회사로 성장했다. 세계에서 6번째로 큰 티 브랜드로 실론티 기반의 제품들이 대부분이다. 최근에는 홍차뿐 아니라 녹차를 기반으로 한 제품들도 선보이고 있다.

대표 TEA 로즈우드 프렌치 바닐라 · 얼그레이 · 애플티 · 잉글리시 블랙퍼스트

F

포숑 *Fauchon*

1886년 설립된 포숑은 파리를 대표하는 식료품점으로 디저트와 음료, 잼, 술 등을 다룬다. 다양한 식료품과 함께 차도 취급하는데 다른 매장에서 찾기 힘든 고급 재료를 소개하면서 알려지기 시작했다. 홍차 제품들과 잼, 과자 등이 국내에 수입되고 있다.

대표 TEA 로즈앤 리치 · 애프터눈 인 파리스 · 애플티 · 티포투

포트넘 앤 메이슨 *Fortnum&Mason*

1707년 식료품 매장으로 시작해 영국을 대표하는 백화점으로 성장했다. 규모가 커지면서 홍차를 취급하기 시작해 지금은 '티 블렌딩의 정석'이라 불리며 다양한 차와 제품들을 선보이고 있다. 오직 차만으로 이런 맛과 향을 낸다는 게 신기할 정도.

대표 TEA 로얄 블렌딩 · 로즈포총 · 퀸앤 · 쥬빌리

하니 앤 손스 *Harney & Sons*

미국을 대표하는 티 브랜드 중 하나이며 1983년에 설립되었다. 창업주 존 하니와 그의 아들들이 운영하는 가족경영 회사다. 역사는 길지 않으나 다양하고 색다른 블렌딩을 통해 누구나 좋아할 만한 제품들을 선보이고 있다.

대표 TEA 웨딩 화이트티 · 핫 시나몬스파이스 · 파리스티 · 초코렛민트 등

헤로즈 *Harrods*

영국의 대표적인 고급 백화점 헤로즈에서 출시한 티 브랜드로 여러 가지 차를 블렌딩하여 넘버를 붙여 판매하고 있다. No.14 잉글리시 블랙퍼스트와 No.49 브랜드가 유명하다. 가향차보다 단일 다원차를 블렌딩하여 다양한 맛과 향을 내는 것이 특징이다.

대표 TEA No.14 잉글리시 블랙퍼스트 · No.42 얼그레이

쿠스미 티 *Kusmi Tea*

애초 1867년 러시아에서 설립된 티 브랜드로, 1917년 러시아 대혁명 때 프랑스 파리로 이전해 현재에 이르렀다. 유럽 티 브랜드의 감성과는 다른 러시아의 분위기가 물씬 풍기며, 홍차, 녹차, 러시아 블렌디드, 허브 인퓨전을 다룬다.

대표 TEA BB디톡스 · BE COOL · 상페테르부르크 · 아나스타시아 · 프린스 오브 블라드미르 · 트로이카

립톤 *Lipton*

1890년에 홍차를 처음 출시하여 지금까지 홍차의 대명사로 일컬어진다. 최초의 티백 제품을 생산, 지구상에서 '세계에서 가장 많이 팔리는 차'라고 불리는 티 브랜드다. 지금은 세계적인 글로벌 기업인 유니레버에서 립톤 티를 판매하고 있다.

대표 TEA 립톤 옐로우 라벨 · 립톤 아이스 티 등

마리아주 프레르 *Mariage Freres*

1854년 마리아주 형제가 세운 프랑스 대표 티 브랜드. 프랑스의 발달된 조향기술이 세계의 다양한 차와 만나 다른 나라 제품에서는 느끼지 못할 다양한 향의 차를 선보이고 있다.

대표 TEA 마르코폴로 · 웨딩임페리얼 · 에로스 · 카사블랑카 · 볼레로 · 에스프리드 노엘

믈레즈나 *Mlesna*

스리랑카를 대표하는 티 브랜드 중 하나로 1983년 설립되었다. 실론티를 기반으로 다양한 단일 지역 차들과 가향차들을 출시하고 있다. 스리랑카 전역의 단일지역 차를 심도 깊게 즐기기 좋아 차를 공부하는 사람들에게 특히 추천한다.

대표 TEA 룰레콘데라 · 몽크티 · 메이플티 · 아이스와인티 · 우바

INDEX

R

로네펠트 *Ronnefeldt*

1823년에 설립된 독일을 대표하는 티 브랜드다. 품질 좋은 차들과 재료를 이용해 다양한 제품군을 선보이며 주로 고급 호텔이나 레스토랑에서 많이 쓰인다. 차뿐만 아니라 차에 관련된 다기나 티 캐디 등 다양한 제품들도 구입할 수 있다.

대표 TEA 레몬스카이 · 밀키우롱 · 아이리시 위스키 크림 · 윈터드림

리쉬티 *Rishi-tea*

1997년에 설립한 미국을 대표하는 티 브랜드 중 하나다. 유기농 인증과 공정무역 인증을 강조하는 브랜드로 차의 품질이나 제품의 구성도 상당히 우수하다. 다양한 차들과 허브를 이용한 새로운 형식의 제품들을 주로 선보이고 있다.

대표 TEA 바닐라 민트 차이 · 썸머 레몬 · 트로피칼 크림슨 · 피치블로썸

S

스티븐 스미스 티메이커 *Steven Smith Teamaker*

2009년 미국 포틀랜드에서 설립된 티 브랜드. 홍차, 녹차, 백차, 허브 인퓨전을 다루며, 품질 좋은 차를 이용해 대량 생산이 아닌 소량 생산을 원칙으로 한다. 제품에 배치넘버를 기입해 누가 언제 생산했는지 알 수 있도록 한 것도 특징이다.

대표 TEA 로드 베르가못 · 빅히비스커스 · 벙갈로우 · 화이트 페탈 · 페즈

T

트와이닝 *Twinings*

세계에서 가장 오래된 영국 티 브랜드로 1706년에 토마스 트와이닝이 설립했다. 얼그레이를 만들면서 세계적으로 유명해지기 시작, 영국 왕실에 차를 공급하는 브랜드이기도 하다. 홍차 위주의 차를 선보이고 있으며, 국내에 보급형 라인 위주의 제품군을 판매 중이다.

대표 TEA 레이디그레이 · 얼그레이 · 잉글리시 블랙퍼스트 · 프린스 오브 웨일즈

TWG

2008년에 설립된 싱가포르 티 브랜드로, 독점 계약한 다원에서 유기농으로 재배된 차만을 공급받아 좋은 품질의 제품을 만드는 것으로 유명하다. 기본적인 단일지역 차와 블렌딩차, 가향차를 다루며 국내에 홍차 위주의 제품들이 수입되어 판매 중이다.

대표 TEA 그랜드 웨딩티 · 싱가포르 블랙퍼스트 · 1837 블랙티 · 티파티 티

타바론 *Tavalon*

2005년 미국 뉴욕에서 설립된 티 브랜드로, Future of tea라는 모토를 갖고 있다. 유럽의 역사와 전통을 내세우는 다른 티 브랜드와 달리 다른 형식의 차로 새로움을 어필하고 있다. 홍차, 백차, 우롱, 허브 인퓨전 외에도 차를 활용한 음료 베이스, 식초, 화장품 등도 다룬다.

대표 TEA 그레이트 화이트 · nyc 브랙퍼스트 · 오리엔탈 뷰티 · 카마 차이 수트라 · 피치우롱

돈 주고도 못 배우는
카페 Tea 메뉴 101

2023년 1월 5일 6쇄 발행

티 믹솔로지스트	이상민
푸드스타일링	김지현
그릇 협찬	윤현상재 02-540-0145
기획편집	문영애
사진	박종혁(histudio)
디자인	8ightball Studio

펴낸곳	수작걸다
주소	경기 용인시 수지구 동천로 64
이메일	suzakbook@naver.com
인스타그램	@suzakbook
인쇄/출력	도담프린팅

ISBN 978-89-6993-020-0 13590

이 책은 저작권법에 따라 보호받는 저작물이므로 무단 전재와 무단 복제를 금지하며,
이 책 내용의 전부 또는 일부를 이용하려면 반드시 저작권자와 수작걸다의 서면 동의를 받아야 합니다.
* 제본에 이상이 있는 책은 바꾸어 드립니다.